Stephen Mitford Goodson

Histoire des Banques Centrales & de l'asservissement de l'humanité

Omnia Veritas

*A History of Central Banking
and the enslavement of mankind.*

Traduit de l'anglais et publié par
OMNIA VERITAS LTD

www.omnia-veritas.com

© Omnia Veritas Ltd –
Stephen Mitford Goodson - 2016

La loi du 11 Mars 1957, n'autorisant, au terme des alinéas 2 et 3 de l'article 4, d'une part, que « les copies ou reproductions strictement réservées à l'usage privé du copiste et non destinées à une utilisation collective » et, d'autre part, que les analyses et les courtes citations dans un but d'exemple et d'illustration, « toute représentation ou reproduction, intégrale ou partielle, faite sans le consentement de l'auteur ou de ses ayants droit ou ayants cause, est illicite » (alinéa premier de l'article 40). Cette représentation ou reproduction, constituerait donc une contrefaçon sanctionnée par les articles 425 et suivants du Code Pénal.

Ce livre est dédié à Knut Hamsun,
la lumière et l'espoir d'un ordre du monde naturel.

STEPHEN MITFORD GOODSON

*Et vous ne comprendrez jamais l'histoire américaine,
ni l'histoire de l'Occident depuis 2000 ans
à moins que vous n'examiniez un ou deux problèmes ;
à savoir, les youpins et l'usure.
L'un ou l'autre ou les DEUX. Je dirais les deux.*

Ezra Pound

Stephen Mitford Goodson

AVANT-PROPOS

Le contenu de ce livre est du genre controversé et peut engendrer de fortes réactions, aussi je n'approuve pas tous les points de vue exprimés dans ce dernier.

Comment un sujet en apparence si aride tel que l'histoire des banques centrales et du système monétaire peut-il donner lieu à de telles réactions ? On peut se demander pourquoi certains accableront cet ouvrage comme portant tous les stigmates de l'hérésie, en prétendant que Stephen Goodson est sorti du cadre du débat historique acceptable.

Goodson possède les références et l'expérience nécessaires pour présenter un sujet qu'il a passé des années à étudier et dont il a personnellement vécu les effets en tant que Directeur non-exécutif de la Banque Centrale d'Afrique du Sud.

Je n'ai pas les compétences me permettant de confirmer les découvertes de Goodson, mais je suis conscient que le nerf sur lequel il appuie au sujet du pouvoir bancaire et du système monétaire généré par ce dernier, est une composante essentielle des différences inhumaines de répartition des richesses au sein d'un pays, ainsi qu'entre tous les pays.

C'est à cause de cela que pendant plusieurs années, mon Parti et moi-même avons affirmé que l'Afrique du Sud devrait réformer sa Banque Centrale et son système monétaire, même si cela signifierait de placer notre pays en dehors de critères mondiaux iniques.

Les ouvrages sur l'économie et le secteur bancaire sont généralement considérés comme abscons. Leurs lecteurs appartiennent principalement au monde universitaire et à celui des affaires. Ce livre constitue une exception notable.

Cet écrit fournit non seulement un large survol de l'histoire de l'économie sur plus de trois millénaires, mais des aperçus sur la manière dont le problème de l'usure a permis la réduction progressive de l'humanité en esclavage, depuis les origines de son existence civilisée.

Certains seront choqués de réaliser que les Banques Centrales à travers le monde, y compris notre propre South African Reserve Bank, ne sont pas au service de l'intérêt général, mais agissent pour le seul bénéfice d'institutions bancaires privées. Non seulement cela mine notre souveraineté, mais nous prive également des moyens de recourir à une monnaie émise publiquement sans dette ; appartenant donc au peuple souverain comme son propre moyen d'échanger des biens et des services.

Au lieu de cela, dans notre pays, comme dans bien d'autres, nous avons recours à de la monnaie privée produite au moyen de dettes par le secteur bancaire privé. Passer des billets de banque à des billets du gouvernement, permettrait à notre peuple d'accéder à une vie décente, prospère et durable. Mais une réforme si simple constituerait une véritable révolution, plus difficile à accomplir que toute autre réforme ou changement social réalisés jusqu'ici.

Bien que l'Afrique du Sud ait dans les apparences extérieures recouvré les voies de la liberté en 1994, intérieurement, à l'exception d'une petite minorité d'entrepreneurs noirs et blancs, la majorité de la population n'en a recueilli aucun bénéfice ni la moindre prospérité, et plus encore a échoué à atteindre son potentiel latent, principalement à cause de notre système monétaire défectueux. Si nous voulons atteindre la véritable liberté, il est impératif qu'une réforme monétaire soit entreprise avec la même vigueur et intensité que celles employées pour les réformes politiques au cours des années de lutte. Mais cela exige la compréhension du problème complexe de la manière dont l'argent est créé, à qui il appartient et quels sont les intérêts qu'il sert.

Dans ce livre, Goodson n'évoque pas seulement plusieurs tentatives réussies de la part de différents États de se passer du système de banques privées, mais présente également un projet qui répond à beaucoup de nos problèmes sociaux, tels que l'absence de croissance économique, un taux de chômage élevé et le déclin des services publics.

Bien que décidemment controversé, il s'agit d'un livre prêtant à réflexion et que les Sud-Africains devraient lire comme une source d'inspiration pour l'action politique.

Dans son discours devant l'Association de la Presse

Américaine le 27 avril 1961, le Président John F. Kennedy a déclaré : « Sans débat, sans critique, aucune administration et aucun pays ne peuvent réussir – et aucune république ne peut survivre. C'est pourquoi le législateur athénien Solon décréta comme un crime le fait pour un citoyen de s'écarter de toute controverse. »

Prince Mangosuthu Buthelezi MP.
Président du Parti Inkatha de la liberté,
République d'Afrique du Sud.

26 juin 2013

INTRODUCTION

L'histoire est le sujet le plus crucial de tout système éducatif, surpassant en importance la science et les humanités. Au creux de son étoffe, elle tient la culture, les traditions, les croyances, l'ethos et la *raison d'être* nécessaire à la continuation de chaque peuple. Si l'histoire est compromise par des falsifications et des omissions, fréquemment imposées par des étrangers, alors la civilisation se décompose et finalement s'effondre, comme nous pouvons l'observer par la lente désintégration de la civilisation Occidentale depuis 1945. George Orwell a exprimé un sentiment similaire dans son *1984*, lorsqu'il écrit : « le moyen le plus efficace de détruire un peuple est de nier et d'oblitérer sa propre compréhension de l'histoire. »

Winston Churchill fit une fois remarquer que plus l'on remonte loin dans l'histoire, plus les choses deviennent claires et évidentes. En employant cette technique, l'auteur espère que tous les doutes que le lecteur pourrait nourrir concernant son analyse et son exégèse des évènements de l'histoire moderne seront apaisés, si ce n'est entièrement éliminés.

Pour que toute nation/état/société/communauté conserve la pleine souveraineté de son indépendance dans le traitement de ses affaires, le contrôle absolu des moyens qu'elle emploie pour échanger les biens et les services doit résider au sein des organes qui représentent le peuple, et ne doit jamais être délégué à des individus ou à des groupes d'intérêts privés.

Tout au long de l'histoire connue, les périodes où l'état a exercé le contrôle de l'émission monétaire ont toujours été synonymes d'ère de prospérité, de paix, d'enrichissement culturel, de plein emploi et d'inflation zéro. Par contre, lorsque les banquiers privés usurpent le contrôle de la création monétaire, les résultats inévitables sont des cycles récurrents de pauvreté et de prospérité, du chômage, une inflation endémique ainsi qu'un gigantesque processus croissant de transfert des richesses et du pouvoir politique entre les mains de cette petite clique, qui contrôle ce système monétaire d'exploitation. Par le passé, lorsque ces banquiers centraux durent faire face à l'opposition de nations cherchant la restauration d'un système monétaire honnête, ces banquiers parasites ont invariablement provoqué une guerre « patriotique » de manière à vaincre leur « ennemi » tant décrié. C'est là le point commun de toutes les guerres depuis au moins 300 ans.

Ce livre fournit un aperçu de la manière dont les banquiers privés depuis les temps les plus reculés, ont abusé du système monétaire, qu'il s'agisse des pièces en métaux précieux, des billets de banque, des chèques ou de la monnaie électronique, en créant à partir de rien une dette portant intérêt de manière à s'arroger le pouvoir suprême. Il présente également une étude à la fois ancienne et moderne, des sociétés et des civilisations qui ont fleuri au sein d'un environnement exempt du fardeau de l'usure.

La solution est simple et évidente. Si nous voulons reprendre notre liberté et conserver notre souveraineté hors de l'esclavage imposé par les banquiers privés, nous devons démanteler leur système bancaire de réserves fractionnaires et le réseau formé par les banques centrales, faute de quoi nous serons nous-mêmes détruits et condamnés à l'oubli.

Stephen Mitford Goodson

Juin 2013.

CHAPITRE I

COMMENT L'USURE A DÉTRUIT L'EMPIRE ROMAIN

L'argent, étant une chose naturellement stérile, le fait de le faire croître à partir de lui-même est une absurdité et une perversion de son rôle initial, qui est de servir à l'échange et non à l'augmentation... Nous devons haïr les hommes se faisant appeler banquiers, car ils s'enrichissent sans rien faire.
- Aristote, *La Politique*

Les systèmes monétaires de l'ère romaine (753 av. J.-C. – 565 av. J.-C.) peuvent être divisés entre trois périodes distinctes, où les unités de mesure de trois différents métaux furent utilisées comme moyen d'échanger les biens et les services. Bien qu'il existe des preuves attestant que l'occupation humaine moderne (*Homo sapiens sapiens*) sur le site de Rome remonte à 14,000 ans (avec des Neandertal vivant à cet endroit depuis 140,000 ans), Rome, en tant que cité, est traditionnellement connue pour avoir été fondée par Romulus et Rémus en 753 av. J.-C. dans les environs du Mont Palatin, une région également appelée le Latium. D'après la légende, Romulus (qui tua son frère Rémus) devient son premier souverain, mais partagea plus tard son trône avec Titus Tatius, le dirigeant des Sabines.

Aux alentours de 600 av. J.-C., le Latium passa sous le contrôle des Étrusques. Cette domination dura jusqu'à ce que le dernier roi, Tarquin le Fier, soit expulsé en 509 av. J.-C. et que la République Romaine soit établie. Les Étrusques, un peuple d'origine aryenne, créèrent une des civilisations les plus avancées de cette époque et construisirent des routes, des temples et de nombreux bâtiments publics à Rome.

La première monnaie d'échange utilisée à Rome était le bétail. Il ne s'agissait pas de véritable monnaie, mais d'un système de troc. Beaucoup de peuples primitifs utilisaient le bétail comme moyen d'échange. D'après la légende d'Hercule et des écuries d'Augias, le bétail qui y était élevé, plus de 1000 têtes, représentait le trésor du Roi Augias.

L'ÂGE DE CUIVRE
(-753 -267 AV. J.-C.)

Avec le temps, les romains prirent l'usage d'employer, à la place du bétail, des blocs irréguliers de cuivre ou de bronze. Ces blocs furent appelés *aes rude* (métal brut) et devaient être pesés pour chaque transaction.

Avec l'augmentation du commerce, Rome devint une des cités les plus prospères du monde antique. Cette prospérité était basée sur du cuivre non monétisé et plus tard du bronze, la valeur de ces métaux étant mesurée au poids d'après un système d'unité fixe. Ils étaient émis par le Trésor Romain sous la forme de lingots pesant 1,6 kg avec la pleine garantie de l'État et étaient désignés comme *aes signatum* (métal estampé), car ils étaient estampés par le gouvernement avec une représentation de vache, d'aigle, d'éléphant ou d'autres images. Parfois, ils étaient réalisés sous la forme de coquille St Jacques. En 289 av. J.-C., ces lingots furent remplacés par des pièces de bronze discoïdes dénommées *aes grave* (métal lourd). Elles représentaient la devise nationale « étaient mises en circulation par l'État et chacune, rare ou autre, possédait seulement la valeur du symbole sous lequel elle était enregistrée. »[1] Cette monnaie était ainsi basée sur la loi plutôt que sur son contenu métallique (bien que ce contenu soit standardisé, et que les pièces détenaient en elles-mêmes une valeur intrinsèque, contrairement à la plupart des pièces d'aujourd'hui). Cela peut être considéré comme un exemple primitif de l'utilisation réussie d'une monnaie fiduciaire.

Alors que la monnaie fiduciaire est très critiquée au sein de certains courants de pensée, par exemple par les disciples de l'économiste autrichien Ludwig Von Mises,[2] elle ne pose aucun problème, tant qu'elle est émise par le gouvernement et non par les banquiers privés, et qu'elle demeure protégée de la contrefaçon. Par contraste, la monnaie non-fiduciaire, présente le désavantage suivant : ceux qui fixent les prix de l'or et de l'argent, c'est-à-dire les banquiers privés, peuvent contrôler l'économie de la nation.

---

[1] David Astle, *The Babylonian Woe,* Omnia Veritas Ltd, 2015. Ce système présente beaucoup de similarités avec celui des *pelonors* ou lingots de fer, qui étaient utilisés par les spartiates comme base de leur système monétaire.
[2] Ludwig Von Mises (1881-1973) est un des dirigeants de l'école autrichienne d'économie et un ardent défenseur du standard or.

Les pièces de bronze romaine *Aes Grave* -241 -235 av. J.-C.

Jusqu'en 300 av. J.-C. il y eut une augmentation inégalée de la fortune privée et publique des romains. Cela peut être mesuré par le gain territorial. Après la fin de la Deuxième Guerre Latine en 338 av. J.-C. et la défaite des Étrusques, la République Romaine augmenta sa superficie, la faisant passer de 5,525 km^2 à 26,805 km^2 soit 20% de la péninsule italienne. De concert avec cette expansion territoriale, la population crût d'environ 750,000 à un million avec 150,000 personnes vivant à Rome même.

Un partenariat fut formé entre le Sénat et le peuple connut sous la dénomination de *Senatus Populusque Romanus* (SPQR, le Sénat et le Peuple de Rome). Les dirigeants politiques étaient renommés pour leur frugalité et leurs honnêtes vertus. Les moyens d'échange étaient strictement régulés en accord avec l'augmentation de la population et du commerce, il n'y avait ainsi aucune inflation.

Le *nexum*, la servitude basée sur une dette, où un

homme libre offrait ses services comme garantie pour un emprunt plus des intérêts, et où en cas de non remboursement, la dette devait être honorée sous formes de labeur, fut aboli après l'agitation plébéienne par la *lex Poetilia*[3] en 326 av. J.-C.

L'ÂGE DE L'ARGENT (-267 -27 AV. J.-C.)

Le système monétaire traditionnel fut détruit en 267 av. J.-C. lorsque l'élite patricienne obtint le privilège de frapper les pièces d'argent. Ce changement fut symbolisé par un patricien qui s'était rendu au Temple de Junon Moneta (d'où provient le terme de monnaie), pour convertir un sac plein de *denarii* d'argent jusqu'à cinq fois leur valeur originale par le simple fait de frapper les pièces avec une nouvelle valeur. Il empocha ainsi une différence très substantielle pour son propre compte.

La première pièce d'argent romaine était connue sous le nom de *drachme* et était modelée sur une pièce utilisée dans le sud de la péninsule grecque. Elle fut plus tard remplacée par une version plus petite et plus légère, le *denarius*. Il y avait aussi un demi *denarius*, appelé le *quinarius* et un quart d'unité appelé *sestertius*. Le système fut plus tard supplanté par le *victoriatus*, un peu plus léger que le *denarius* et probablement créé pour faciliter les échanges entre Rome et ses voisins grecs.

---

[3] Pour un réquisitoire implacable des effets nocifs de l'usure sur la population avant la promulgation de la *lex Poetilia*, voir Tite Live, *The History of Rome,* Livre II, traduction anglaise, William Heinemann Ltd, Londres, 1919.

Il y avait très peu de réserve d'argent dans la péninsule italienne et en conséquence l'armée romaine dut s'agrandir de manière à conquérir d'autres territoires qui en étaient pourvus. Les paysans romains, qui avaient fourni à la République une autonomie en nourriture, furent recrutés en grand nombre au sein de l'armée. La production agricole, tout spécialement le maïs, décrut et les fermes des paysans furent remplacées par des *latifunda*, qui étaient de larges propriétés entretenues par des esclaves. Le blé devait aussi être importé d'Afrique du Nord.

La pièce d'argent de la République Romaine *denarius*, avec (à gauche) la déesse Junon Moneta et (à droite) un boxeur victorieux.

Des tensions dans les accords pour accorder la citoyenneté et l'affranchissement entre Rome et ses alliés italiques, provoquèrent la Guerre Marsique (-90 – 89 av. J.-C.). Ce manque d'affranchissement avait conduit à la fragmentation de la société Romaine et à l'aliénation des citoyens appartenant à la classe laborieuse, qui étaient traités comme du bétail et qui n'avaient ainsi aucune responsabilité et nul engagement envers l'État. Jusqu'à la Deuxième Guerre Punique (-218 -201 av. J.-C.), ils n'étaient pas autorisés à servir dans l'armée. Nous avons ici l'exemple classique d'une société qui a été monétarisée. La République était affaiblie et le despotisme augmentait. La piraterie était devenue un problème majeur, avec des raids ayant lieu sur les côtes, des villas étant pillées et des voyageurs enlevés. La violence devint endémique et les gangsters et les terroristes étaient actifs dans Rome, car il n'y avait plus de force de police pour maintenir la loi et l'ordre. Telles sont les conséquences inévitables d'une société au sein de laquelle l'argent est devenu l'éthique la plus élevée.

L'intrigue politique était également de rigueur au sein de l'élite. Les privations économiques causaient du mécontentement parmi les pauvres qui étaient de plus en plus des esclaves d'Afrique du Nord provoquant des soulèvements sociaux. Ces troubles culminèrent dans la révolte dirigée par Spartacus de -73 à -71 av. J.-C. (La première et la seconde révolte prirent place en -135 et en -132 av. J.-C. et de -104 à -100 av. J.-C.)

LE RÔLE DES JUIFS DANS L'EFFONDREMENT

Les premiers Juifs connus qui arrivèrent à Rome en -161 av. J.-C., furent Yehuda et Macchabé. Ces juifs romains occupaient des emplois d'artisans, de commerçants et de colporteurs. Ils pratiquaient également le prêt de deniers. Ils vivaient en communauté distincte dans des quartiers dédiés. Ils se gouvernaient eux-mêmes selon leurs propres lois et étaient exempts de service militaire.

En -139 av. J.-C., ceux qui n'étaient pas citoyens romains furent expulsés par le Préteur Hispanus pour prosélytisme, mais ils ne tardèrent pas à revenir. En 19 apr. J.-C. au moyen d'un *senatus consultum*, l'Empereur Tibère expulsa 4,000 Juifs qui avaient été impliqués dans divers scandales, mais aucune de ces expulsions ne fut proprement conduite et leur présence continue, particulièrement comme usuriers, devait jouer un rôle significatif dans le déclin et l'effondrement de l'Empire Romain.

Expulsion des Juifs de Rome par l'Empereur Hadrien en 35 apr. J.-C. telle que dépeinte sur un manuscrit du 15ème siècle de la bibliothèque de l'Arsenal à Paris.

JULES CÉSAR

Jules César (-100 -44 av. J.-C.) est né dans une famille aristocrate, le 12 juillet -100 av. J.-C. Il était grand, avait la peau blanche et exerça brièvement le métier d'avocat avant de devenir un brillant commandant militaire qui conquis la Gaule (la France) entre -59 et -52 av. J.-C. Après avoir vaincu Pompée le Grand en -48 av. J.-C. à Pharsale, César devint le dirigeant incontesté de la République Romaine. À son retour en Italie en septembre -45 av. J.-C. César trouva les rues et les villes entières remplies de sans-abri qui avaient été expulsés de leurs logements et de leurs terres par les usuriers et les monopolisateurs. 300,000 personnes devaient être nourries quotidiennement au grenier public. L'usure, avec toutes ses conséquences désastreuses, était florissante.[4]

Le Forum Romanum fut commandé par Jules César en 54 av. J.-C. et il lui fut dédié en 46 av. J.-C. Il s'agissait du centre de la Rome Antique où César rencontra sa fin funeste le 15 mars -44 av. J.-C.

Les principaux usuriers, dont la plupart étaient juifs[5],

---

[4] « La démocratie impériale qui tenait le monde entier sous sa domination, depuis les sénateurs portant des noms illustres jusqu'au plus humble cultivateur, de Jules César jusqu'au plus humble boutiquier des ruelles de Rome, tous étaient à la merci d'un petit groupe d'usuriers. » Cité par G. Ferrero, *Greatness and Decline of the Roman Empire*, Vol. vi, William Heinemann Ltd, Londres, 1908, p. 223.

[5] Cicéron, Marcus Tullius : « Doucement ! Doucement ! Je ne veux personne d'autre que les juges pour m'entendre. Les Juifs m'ont déjà créé assez d'ennuis, comme ils en ont fait subir à tant d'hommes. Je n'ai pas l'intention d'apporter davantage d'eau à leur moulin. » Cité par W. Grimstad, *Antizion*, Noontide Press, Torrance, Californie, 1985, 29. Cicéron était l'avocat de la défense au procès de Flaccus, un fonctionnaire romain qui avait interféré avec les cargaisons d'or que les Juifs transféraient à leur quartier général international situé (alors comme à présent) à Jérusalem. Cicéron lui-même n'était pas n'importe qui, et pour quelqu'un de sa stature avoir à « parler doucement », montre qu'il était en

pratiquaient des taux d'intérêts se montant jusqu'à 48% par an. Comme le philosophe Sénèque (-4 av. J.-C. – 65 apr. J.-C.) le fait remarquer dans *de Superstitione* : « Les coutumes de cette nation si criminelle ont acquis une telle puissance qu'ils ont été à présent reçu en toutes terres. Les conquis font la loi aux conquérants. »

À cette époque, il existait deux partis politiques principaux : les *Optimates*, rassemblés autour de la noblesse, le Sénat et le petit nombre des privilégiés, et les *Populares*, qui représentaient les citoyens ordinaires. César prit immédiatement la direction de ces derniers.

César comprenait pleinement les méfaits de l'usure et connaissait le moyen de la contrer. « Il comprenait la vérité profonde que la monnaie est un agent national, créé par la loi dans un but national, et qu'aucune congrégation d'hommes ne devrait être autorisée à la retirer de la circulation afin de causer des paniques, de manière à ce que les spéculateurs augmentent leur taux d'intérêts, ou puissent acheter des propriétés à prix cassés après de telles périodes de crise. »[6]

Il mit en place les réformes sociales suivantes :

1) Le remboursement des emprunts immobiliers fut fait sur la base de l'évaluation la plus basse connue avant la guerre civile. (-49 à -45 av. J.-C.)

---

présence d'une sphère d'influence puissamment dangereuse. Auquel cas, on peut se demander qui étaient les véritables persécuteurs.

[6] T. E. Watson, *Sketches from Roman History*, The Barnes Review, Washington, DC, 2011 (publié pour la première fois en 1908), p. 84-85.

2) Plusieurs amnisties sur le paiement des loyers furent consenties.
3) Un grand nombre de citoyens pauvres et de vétérans se virent octroyer des parcelles de terres.
4) Un logement gratuit fut fourni à 80,000 familles pauvres.
5) Le salaire des soldats fut augmenté de 123 à 225 *denarii*.
6) L'impôt sur le maïs fut régulé.
7) Les communautés provinciales furent émancipées.
8) La confusion à propos du calendrier fut résolue en fixant sa durée à $365^1/_4$ jours à partir du 1er janvier -44 av. J.-C.

Ses réformes monétaires furent les suivantes :

1) La dette de l'État fut immédiatement réduite de 25%.
2) Le contrôle de la frappe de la monnaie fut transféré des patriciens (usuriers) au gouvernement.
3) Des pièces de faible valeur furent émises comme moyen d'échange.
4) Il fut décrété que les intérêts ne pouvaient pas excéder 1% par mois.
5) Il fut décrété qu'aucun intérêt ne pouvait être facturé sur d'autres intérêts et que les intérêts totaux cumulés ne pouvaient jamais dépasser le montant du capital initialement prêté. (la règle du *in duplum*)
6) L'esclavage comme moyen de payer ses dettes fut aboli.

7) Les aristocrates se virent forcés d'utiliser leur capital plutôt que de le thésauriser.

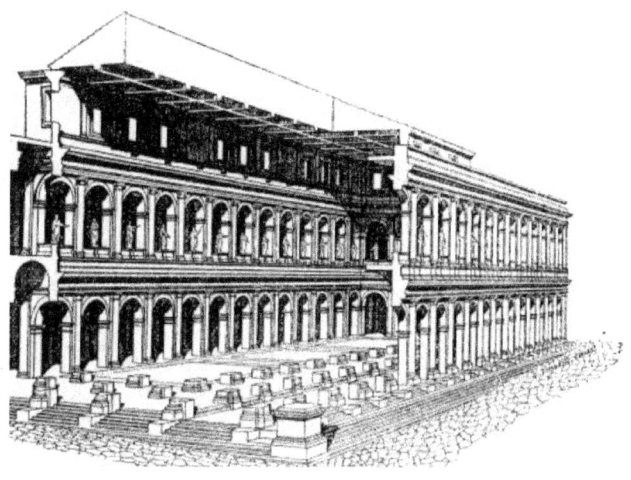

La Basilique Julia était le palais de justice romain au sein du Forum qui fut dédié à Jules César en -46 av. J.-C.

Ces mesures firent enrager les aristocrates et les ploutocrates dont le « gagne-pain » fut sévèrement restreint. Ainsi, ils conspirèrent pour faire assassiner César, le héros du peuple. Ce matin fatal du 15 mars -44 av. J.-C. à peine quatre ans après avoir été investi des pleins pouvoirs, il pénétra dans le bâtiment du Sénat sans armes, ayant renvoyé sa garde militaire dont il avait l'habitude de s'entourer. Cerné par 60 conspirateurs, il fut poignardé à mort à 23 reprises.

L'ÂGE DE L'OR (-27 AV. J.-C. À 476 APR. J.-C.)

En -27 av. J.-C. peu après la mort de César (et sa déification) les Romains adoptèrent l'étalon-or ; une décision qui devait avoir des répercussions sur la stabilité financière de l'empire et concourir directement à sa ruine. Auparavant, du temps de la République Romaine, les pièces d'or n'étaient émises qu'en cas de stricte nécessité, telle que durant la seconde Guerre Punique ou la campagne de Sylla. Il n'y avait que peu de mines d'or en Europe, excepté en des endroits reculés comme le Pays de Galles, la Transylvanie et l'Espagne. Ainsi la plupart de l'approvisionnement ne pouvait être assuré qu'en provenance de l'orient. Cela nécessitait une grande et couteuse armée, qui se trouvait impliquée dans des conflits constants aux frontières de l'empire.

La monnaie d'or était appelée un *aureus*. Le *denarius* d'argent était également en circulation, ainsi que diverses pièces de cuivre : le *sestertius*, le *dupondius* et l'*as*.

La rareté de l'or ou de la monnaie-marchande induisait fréquemment des périodes de déflation à cause du manque de circulation des moyens d'échanges. En -13 av. J.-C. la décision fut prise de réduire le poids du *denarius* d'or de 122 à 72 grains. Cela demeura la norme jusqu'en 310 apr. J.-C. Cependant, les métaux continuaient à fuir vers l'orient en paiement de marchandises luxueuses, de cotisations religieuses et en remboursements usuraires. En outre, la dégradation due à l'usage intensif entraina la perte d'un tiers de la totalité des pièces de métal en circulation sur une période de 100 ans.

Comme l'or était traité comme une marchandise, sa dévaluation n'était pas tolérée. L'Empereur Constantin (275 – 337 apr. J.-C.) décréta personnellement la peine de mort pour la contrefaçon et le bûcher pour les exploitants de mines qui se rendaient coupables de falsification. Les changeurs d'argent qui ne reportaient pas un besant d'or contrefait *(solidus)* étaient immédiatement flagellés, asservis et exilés. Ces mesures furent efficaces pour le besant qui pesait 70 grains, légèrement plus lourd que le besant encore en circulation en 1025, pesant quant à lui 68 grains.

En 313 le Christianisme fut toléré par l'Édit de Milan, puis à partir de 380 fut établi comme religion officielle par l'Empereur Théodose Ier (347 – 395 apr. J.-C.) À partir de cette époque, le pouvoir monétaire fut placé sous l'autorité religieuse du *pontifex maximus*. Un attribut de l'ère impériale fut l'injustice sociale et l'écrasement de la classe moyenne sous une imposition excessive. L'homme d'affaire romain n'était pas un marchand, mais un pilleur des provinces, car la patrie était pourvue d'une faible base industrielle, incapable de produire les biens manufacturés nécessaires. À mesure que la monétisation de la société se poursuivait, les riches parasitant le peuple, le plébéien devint une sorte d'esclave. L'abolition du système des jurés fut symptomatique du déclin du respect et de l'importance accordé à l'homme ordinaire au sein de la société romaine.

Pièce d'or frappée par l'Empereur Alexandre Sévère 222-235 apr. J.-C.

Le rôle de l'Église dans le déclin et la chute

La taxe décrétée par l'Empereur Constantin selon laquelle le $1/10^{ème}$ de tout revenu devait être dîmé à l'église Chrétienne, accéléra la destruction de l'empire. Finalement l'Église en vint à détenir entre un tiers et la moitié de toutes les terres et de la richesse combinée. Cette concentration de richesse provoqua une raréfaction de la monnaie métallique. La monnaie existait, mais elle ne servait pas à la distribution ou à la circulation des biens et des services. Au lieu de recycler le produit de la dîme au moyen d'investissements au sein de la communauté ou par des œuvres charitables telles que la construction d'hôpitaux, d'écoles et de bibliothèques, de vastes dépôts d'or étaient concentré derrière les épaisses murailles (30,5 mètres) de la cité fortifiée de Constantinople et du Vatican à Rome.

Au cours de ses dernières années du cinquième et du sixième siècle, l'Empire Romain était devenu un organisme parasitique, sujet à des phases alternées d'inflation et de déflation. Sa ruine économique précéda sa chute politique. Il n'y avait plus de production industrielle, presque toute la nourriture devait être importée et l'usure était pratiquée à une échelle sans précédent. Les richesses de l'empire qui n'étaient pas détenues par l'Église, étaient contrôlées par 2000 familles romaines. Le reste de la population vivait dans la pauvreté.

LES CONSÉQUENCES

L'*implosion* de la moitié occidentale de l'empire en 476, après les incursions répétées des Goths et des Vandales, provoqua un Âge sombre. Une crise déflationnaire de plusieurs siècles s'ensuivit. D'après l'United States Silver Commission de 1876, la valeur de la monnaie métallique de l'Empire Romain au sommet de sa puissance se montait à $1.8 milliards, mais à la fin de l'Âge sombre elle n'était plus que de $200 millions. La production agricole avait été réduite à la simple subsistance. Les navires disparurent car il n'y avait plus d'échanges. Le commerce stagnait. Les arts et les sciences furent perdus et la maitrise du ciment de construction disparue.

Les facteurs majeurs du déclin de l'Empire Romain furent la concentration de la richesse[7], l'absence de bassins miniers pour la production industrielle, et l'importation massive d'esclaves non-blancs entrainant la dégradation génétique de la nation. Au cours du 4ème siècle, à cause du déclin de la fertilité des femmes

---

[7] « Lorsque le gouvernement de l'ancienne Égypte s'effondra, 4 pour cent de la population possédait toute la richesse. Lorsque la civilisation Babylonienne bascula, 3 pour cent de la population possédait toute la richesse. Lorsque l'ancienne Perse fut détruite, 2 pour cent de la population possédait toute la richesse. Lorsque la Grèce antique tomba en ruines, la moitié d'un pour cent de la population possédait toute la richesse. Lorsque l'Empire Romain s'écroula, deux milles personnes possédaient toute la richesse du monde civilisé. Puis suivit l'Âge sombre, d'où le monde ne sortit que lorsque les richesses ne furent plus aussi concentrées. Aujourd'hui moins d'un pour cent de la population contrôle 90 pour cent de la richesse des États-Unis. » - Cité par R. Maguire, dans « Money Made Mysterious », *American Mercury* magazine, New York, 1958, 98. (*American Mercury* fut fondé par H. L. Mencken en 1924.

romaines, les esclaves étaient plus nombreux que les citoyens à raison de cinq pour un. La raison économique la plus importante fut l'indisponibilité d'une monnaie d'échange abordable et la fausse notion voulant que la monnaie soit considérée comme une marchandise.

Ainsi, d'un point de vue économique, les leçons de la chute de Rome sont qu'un système économique malhonnête contribuera inévitablement aux forces de la dissolution. Aucune société ne peut survivre à un système économique inique. Pour qu'une société puisse fonctionner et prospérer, il est absolument fondamental que les moyens d'échanges soient émis sans dette et sans intérêt par l'autorité légale de l'État en tant que représentant perpétuel du peuple.

Chapitre II

Les origines secrètes de la Banque d'Angleterre

> *... tous les grands évènements ont été déformés, la plupart des causes importantes dissimulées... Si l'histoire de l'Angleterre est un jour écrite par quelqu'un qui en a les connaissances et le courage, le monde en sera abasourdi.*
>
> – Benjamin Disraeli,
> Premier Ministre de
> Grande-Bretagne.

L'ancienne Angleterre

Le roi Offa régna sur le Royaume de Mercie[8], qui était bordé au nord par les rivières Trent et Mersey, la vallée de la Tamise au sud, le Pays de Galles à l'ouest, l'Est-Anglie et l'Essex à l'est, de 757 à 791 apr. J.-C. Il appartenait aux sept royaumes autonomes de l'Heptarchie Anglo-Saxonne.

Offa était un administrateur avisé et capable ainsi qu'un dirigeant magnanime. Il établit en Angleterre le premier système monétaire. En raison de la rareté de l'or, il utilisa l'argent métal pour battre monnaie et comme

---

[8] Latinisation de Mierce.

moyen de stocker la richesse. L'unité d'échange standard était la livre (pound) d'argent divisée en 240 pennies. Les pennies étaient estampés avec une étoile (du vieil anglais *stearra*), d'où le terme sterling est dérivé. En 787 le roi Offa introduisit un statut prohibant l'usure, c.-à-d. le fait de facturer des intérêts sur l'argent prêté, un concept qui remontait à l'époque païenne. Les lois contre l'usure furent renforcées par le roi Alfred (865-899), qui décréta que la propriété des usuriers soit confisquée, tandis qu'en 1050 Édouard le Confesseur (1042-1066) décréta non seulement la confiscation de leurs biens, mais la mise hors la loi des usuriers et leur bannissement à vie.

PREMIÈRE MIGRATION ET EXPULSION DES JUIFS

Les juifs arrivèrent en Angleterre en 1066, à l'aube de la victoire de Guillaume le Conquérant sur le roi Harold II à Hastings le 14 octobre. Ces juifs provenaient de Rouen, à 120 kilomètres des falaises de Normandie, où Guillaume le Conquérant était né de manière illégitime, en tant que Guillaume le bâtard. Bien que les archives historiques n'indiquent pas qu'ils aient promu l'idée d'une invasion militaire de l'Angleterre, ces Juifs l'avaient du moins financée. Pour ce soutien, ils furent richement récompensés en étant autorisés à pratiquer l'usure sous protection royale.[9]

Les conséquences pour le peuple anglais furent désastreuses. En facturant un taux d'intérêt de 33% par an sur les terres hypothéquées par les nobles et 300%

---

[9] S. M. Goodson, In praise of Medevial England, *Spearhead*, juillet 2005.

par an sur les biens commerciaux ou l'immobilier des ouvriers, en l'espace de deux générations, un quart de toutes les terres anglaises étaient entre les mains des usuriers Juifs. À sa mort en 1186, Aaron de Lincoln fut déclaré l'homme le plus riche d'Angleterre et il fut estimé que sa fortune excédait celle du roi Henri II.[10] D'autre part les immigrés Juifs s'employaient à saper l'éthique des guildes et exaspéraient les marchands anglais en vendant une grande variété de biens sous un seul toit. Ils jouaient également un rôle prééminent dans la coupe de pièce d'argent et leur refonte en lingot, afin d'en plaquer les pièces en étain.

Le Dr. William Cunningham, le célèbre économiste, compare « l'activité des Juifs en Angleterre depuis le onzième siècle à une éponge qui absorbe toute la richesse de la terre et ainsi entrave tout le développement économique. Il est intéressant de remarquer également que même à cette époque reculée, le gouvernement fit tout ce qui était en son pouvoir pour inciter les Juifs à s'engager dans un commerce honnête et par là, à s'assimiler avec le reste de la population, mais tout cela sans le moindre résultat positif. »[11]

Au début du 13ème siècle, beaucoup de nobles se trouvaient en danger de perdre leurs terres à cause de l'usure et des impôts. En 1207 une somme énorme de £60,000 fut levée en taxes auprès de la population

---

[10] R. Chazan, *The Jews of Medieval Western Christendom 1000-1500*, Cambridge University Press, New York, 2006, p. 159.
[11] W. Cunningham, *The Growth of English Industry and Commerce during the Early and Middle Ages*, Cambridge University Press, 3ème édition, 1896, p.201.

chrétienne. Les Juifs aussi payaient l'impôt, mais à un taux réduit et sur un patrimoine et des revenus largement sous-estimés.[12] Les nobles qui empruntaient auprès des usuriers Juifs ainsi qu'auprès du roi et ses agents, devaient faire enregistrer leur hypothèque sur les Registres du Trésor. Dès qu'un noble se trouvait en difficulté financière, le roi achetait la dette du prêteur de deniers et s'emparait de la terre pour lui-même. Le roi Jean (1199-1216) était « complètement irresponsable » dans la pratique de cette politique malhonnête et dépravée, et était de surcroit « débauché, incompétent et entièrement sous la coupe de ses Juifs. »[13]

Le Roi Jean d'Angleterre signe la Magna Carta (Grande Charte) à Runnymede en 1215.

En 1215 les nobles se révoltèrent et forcèrent le roi Jean à signer la Grande Charte (Magna Carta) le 15 juin 1215. Ce document comporte 61 clauses en rapport avec l'établissement de divers droits constitutionnels et légaux, mais son but principal était d'annuler le joug

---

[12] Origine de la Grande Charte, *The Occidental Observer*, 19 mai 2013.
[13] Ibid.

exercé par les prêteurs Juifs et d'abolir l'usure et la position privilégiée des Juifs. Le 19 octobre 1216, le roi Jean mourut et son fils de neuf ans Henri III lui succéda, ce dernier régnant de 1219 à 1272. Son règne se déroula sous de meilleur auspices que celui de son père et 19 des clauses concernant les Juifs furent abrogées l'année suivante. Cependant, son héritier Édouard Ier (1272-1307) réalisa bientôt que les Juifs n'avaient pas de place dans la société anglaise[14] et que s'il ne prenait pas des mesures, il serait en danger de perdre son trône. En 1233 et en 1275 les Statuts de la Juiverie furent promulgués et ils abolirent toute forme d'usure. Comme beaucoup de ces Juifs ne pouvaient

---

[14] Le meurtre rituel de garçons chrétiens préadolescents fut le seul critique qui provoqua l'expulsion des Juifs. Lors de la Pâques Juive, un garçon était capturé puis saigné à mort. Son sang était alors mélangé à de la pâte sans levain, cuit et plus tard consommé comme biscuits rabbiniques. Le premier cas connu se produisit en 1144 et le plus célèbre entre tous fut celui de Little St Hugh à Lincoln en 1255. Le roi Henri III ordonna personnellement la conduite d'une enquête judiciaire, qui incluait un examen médico-légal par les juges. 91 Juifs furent arrêtés pour leur participation à ce meurtre atroce, au cours duquel la victime fut torturée, crucifiée, saignée à mort et jetée dans un puits. Les détails du procès se trouvent consignés dans les Close Rolls of the Realm et Patent Rolls des Archives Nationales sur Henri III à Kew, Richmond, dans le Surrey, TW9 4DU. Geoffrey Chaucer écrivit un poème commémorant le meurtre de Little Hugh dans le Conte de l'Abbesse, qui fait partie des *Contes de Canterbury*. Les frères Grimm écrivirent *« Der Judenstein »* (La Pierre des Juifs) au sujet du meurtre rituel de l'enfant de trois ans Andreas (Anderl) Oxner à Rinn, en Autriche en 1492. Dans *In My Irrelevant Defence: Meditations Inside Gaol and Out on Jewish Ritual Murder,* The I.F.L. Printing and Publishing Co., Londres, 1938, p. 57, Arnold Leese explique que ces meurtres rituels étaient toujours pratiqués au 20ème siècle. En février 2007, le professeur israélien Ariel Toaff, le fils d'Elio Toaff l'ancien Grand Rabbin de Rome, écrivit *Pasque di sangue: Ebrei d'Europa e omicidi rituali (Pâques de sang : Les Juifs d'Europe et leurs Meurtres Rituels)* dans lequel il confirme la fréquence de meurtres rituels dans l'Italie médiévale. Pour une analyse de ses travaux, voir *The Bloody Passovers of Dr Toaff*, par Israel Shamir www.israelshamir.net/English/Eng11.htm

plus « gagner leur vie », un décret fut émis par le roi Édouard le 18 juillet 1290 forçant toute la population juive s'élevant à 16,511 habitants de quitter l'Angleterre pour toujours.[15] Une expulsion sur plus de cent qui eurent lieu tout au long de l'histoire européenne. L'annonce fut accueillie avec grande joie à travers tout le pays. Contrairement à la pratique moderne de nettoyage ethnique, les Juifs, après s'être acquittés d'une taxe équivalant à $1/15^{ème}$ de la valeur de leurs biens, et $1/10^{ème}$ de leur liquidités, furent autorisés à partir en emportant toutes leurs possessions. Tout Juif qui demeurait dans le royaume après le 1er novembre 1290 (jour de la Toussaint), courait le risque d'être exécuté.

LE GLORIEUX MOYEN-ÂGE

Avec le bannissement des prêteurs d'argent et l'abolition de l'usure,[16] les impôts retrouvèrent un niveau modéré et il n'y avait plus de dette publique, car le Bâton de comptage sans intérêt[17] était utilisé pour les dépenses du gouvernement. Cet ancien instrument financier connu des Sarrasins et probablement aussi des Chinois, provient du terme latin *tallia*, ce qui signifie bâton. Un bâton de comptage était fait à partir de branche de noisetier, de saule ou de buis, parce que ces bois se partageaient facilement. Ils étaient généralement de huit pouces (20,3 cm) de long (l'écart entre l'index et

---

[15] D. Astle, *The Tallies, A Tangled Tale and The Beginning and the Ending*, auto-publié Toronto, 1997, p. 40 & 43. Astle explique que certains de ces Juifs s'installèrent en Suisse et établirent les trois cantons originaux d'Uri, Schwyz et Ob – et Niwalden un an plus tard.

[16] En 1364, Edouard III autorisa la City of London à émettre un *Ordinatio contro Usurarios* et une autre loi fut promulguée en 1390.

[17] D. Astle, op. cit., p. 12-17.

le pouce) et large d'un demi-pouce (1,3 cm), bien qu'ils puissent atteindre jusqu'à huit pieds de long (2,44 m). Les valeurs étaient indiquées par la taille des coupures faites sur le bois. £1,000 étaient marquées en coupant une largeur d'une paume de main, £100 par la largeur du petit doigt, £1 celui d'un grain d'orge gonflé, les shillings étaient marqué par des coupures plus petites encore et les pence indiqués par des incisions. Le bénéficiaire était enregistré sur les côtés plats. Lorsque tous les détails avaient été indiqués sur le bâton, il était partagé tout près de la partie inférieure, de sorte qu'une partie conservait un nœud ou une marque sur lequel un trou pouvait être percé. Ceci était connu comme le contre-bâton ou le récépissé et était conservé sur une tringle à l'Échiquier (la Chambre des comptes). La bande plate (sans le moignon) était donnée au bénéficiaire. Comme aucune pièce de bois n'est identique, il était impossible de contrefaire un bâton de comptage. Ces instruments de paiement furent pour la première fois introduits sous le règne du roi Henri II (1100-1135) et devait rester en circulation jusqu'en 1783.[18] Ce fut, cependant, au cours de la période 1290-1485 que les bâtons atteignirent leur apogée en constituant les principaux moyens de financement de l'État. Les bâtons étaient utilisés non seulement pour payer les salariés de l'État, mais également afin de financer les principales infrastructures telles que la

---

[18] Par un acte de suprême ironie, le 16 octobre 1834, des piles de bâtons de comptage brisés furent utilisées pour chauffer la Chambre des Communes. Le feu qui en résulta fut si puissant qu'il devint incontrôlable et ravagea l'ensemble du complexe, à l'exception de Westminster Hall et du St Stephen's Cloister (le cloitre de Saint Étienne). Lors de la reconstruction de la House of Commons (Chambre des Communes), la mosaïque au sol de l'entrée fut dessinée en forme de gigantesque Étoile de David (probablement sous l'influence de Rothschild.)

construction du mur de la cité de Londres, les bâtiments publics et les ports. Le montant exact de bâtons en circulation n'est pas connu, mais aussi tard qu'en 1694, la valeur de £17 millions d'entre eux était encore en circulation. Il s'agissait d'une somme prodigieuse, car le budget annuel du roi dépassait rarement £2,5 million et un fermier gagnait un penny par jour.

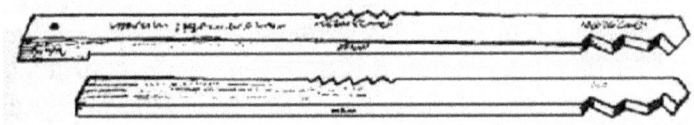

Les bâtons comptables médiévaux du 15ème siècle

Avec un taux d'imposition raisonnable,[19] aucune dette publique et aucun intérêt à payer, l'Angleterre connue une période incomparable de croissance et de prospérité. Le paysan moyen ne travaillait que 14 semaines par an et profitait de 160 à 180 jours de vacances. D'après Lord Leverhulme,[20] un écrivain de cette époque : « Les hommes du 15ème siècle étaient très bien payés », en fait si bien payé que le pouvoir d'achat garantie par leurs salaires et leur niveau de vie ne devait être surpassé qu'au 19ème siècle. Un fermier pouvait pourvoir au bien-être et à toutes les nécessités de sa famille. Les paysans étaient bien habillés de vêtements

---

[19] G. M. Trevelyan, dans son *English Social History, A Survey of Six Centuries Chaucer to Queen Victoria*, Longmans Green and Co. Londres, 1948, écrit que l'Angleterre : « était une contrée où les gens ne souffraient pas de l'impôt », p. 63, et que : « le refus obstiné de payer les taxes était une caractéristique des Anglais à cette époque, » p. 107.
[20] R. K. Hoskins, *War Cycles – Peace Cycles*, The Virginian Publishing Company, Lynchburg, Virginia, 1985, p. 54.

en laine et disposaient de viande et de pain en abondance.

Comme les paysans ne devaient travailler que 14 semaines dans l'année, beaucoup d'entre eux consacrèrent leur temps libre à construire les magnifiques cathédrales d'Angleterre. La Cathédrale d'York fut achevé en 1472 et est dotée de la plus grande surface de vitraux au monde.

Houston Stewart Chamberlain, le philosophe Anglo-Allemand, confirme ces conditions de vie dans son *Foundations of the XIXth Century* :

> « Au treizième siècle, lorsque les races Teutoniques commencèrent à construire leur nouveau monde, les paysans de l'Europe entière étaient des hommes libres, disposant d'une existence bien plus sécurisée que celle d'aujourd'hui ; le *copyhold*[21] était la règle, ainsi l'Angleterre, par exemple – aujourd'hui un

---

[21] Le *copyhold* était une forme de droit foncier seigneurial propre à l'Angleterre qui provenait du système de servage.

lieu de féodalisme bénéficiant aux propriétaires terriens – était même au quinzième siècle un pays entièrement entre les mains de milliers de fermiers, qui n'étaient pas seulement les propriétaires légaux de leurs terres, mais possédaient de surcroit des droits équivalents envers les pâturages et les forêts. »[22]

Durant leur temps libre, beaucoup d'artisans exerçaient volontairement leurs talents à construire certaines des cathédrales les plus magnifiques d'Angleterre, ce qui vient renforcer un des principes de bases de la civilisation Occidentale selon lequel sans temps libre, la floraison de la culture est impossible. George Macauley Trevelyan, l'historien anglais, décrit ces accomplissements de la manière suivante :

> « La tradition continue mais sans cesse en évolution de l'architecture ecclésiastique se poursuivait de manière majestueuse, remplissant l'Angleterre de constructions merveilleuses n'ayant jamais été égalées par les anciens ni les modernes… Dans les nouvelles églises, la lumière ne s'infiltrait plus mais inondait à présent les lieux à travers les vitraux, dont le secret de fabrication est aujourd'hui encore plus complètement perdu que la magie de cette architecture. »[23]

Bien que le roi Henri VIII (1509-1547) assoupli les lois concernant l'usure en 1509, elles furent plus tard

---

[22] H. S. Chamberlain, *The Foundations of the Nineteenth Century*, The Bodley Head, Londres, 1912, Vol. II, p. 354-355.
[23] G. M. Trevelyan, op. cit., p. 51.

abrogées par son fils le roi Édouard VI (1547-1553) par une loi de 1552 dont le préambule stipulait que « l'usure est selon la parole de Dieu, totalement interdite, comme un vice des plus odieux et détestable… »

FIN D'UN ÂGE D'OR

Merrie England (l'Angleterre heureuse) au 15ème siècle – Célébrant le 1er mai en dansant autour du mat.

Au cours du 17ème siècle cet âge d'or connut une fin tragique. Un grand nombre de Juifs, qui avaient été expulsés d'Espagne en 1492 par Isabelle Ière de Castille et Ferdinand II d'Aragon[24] à cause de leur pratique répétée de l'usure et de pratiques commerciales déloyales, avaient trouvé refuge en Hollande. Bien que

---

[24] Le décret de l'Alhambra, aussi connu comme l'Édit d'Expulsion.

les hollandais aient été à cette époque un important pouvoir maritime, les usuriers Juifs basés à Amsterdam désiraient retourner en Angleterre, où leurs perspectives d'étendre les opérations de leur empire du prêt d'argent étaient bien plus prometteuses.

Sous le règne de la Reine Élisabeth Ière (1558-1603), un petit nombre de Juifs Marranes-Espagnols, qui s'étaient converti à une forme hypocrite de Christianisme, s'installèrent à Londres. Beaucoup d'entre eux exerçaient la profession d'orfèvre, acceptant de conserver des dépôts d'or, en émettant par la suite pour dix fois le montant d'or conservé sous forme de billet au porteur, c'est-à-dire des prêts à intérêt. Ces reçus, l'ancêtre du système bancaire frauduleux des réserves fractionnaires, furent initialement prêtés à la Couronne ou au Trésor à 8% d'intérêts annuels, mais d'après Samuel Pepys,[25] le chroniqueur et Secrétaire de l'Amirauté, les taux d'intérêts augmentaient jusqu'à 20% et même 30% par an.[26] Les taux d'intérêt que les marchands payaient dépassaient souvent les 33% par an, même si le taux légal n'était que de 6% par an.[27] Les ouvriers et les pauvres portaient le fardeau de ces taux d'intérêts exorbitants en devant payer 60%, 70% ou même 80% par an.[28] D'après Michael Godfrey, l'auteur du pamphlet intitulé *A Short Account of the Bank of*

---

[25] A. M. Andreades, *History of the Bank of England*, P. S. King & Son Ltd, Londres, 1935, p. 35. Pepys décrit ces taux d'intérêts exorbitants comme une « honte des plus horrible. »

[26] Ibid., p. 24. L'auteur s'est également documenté auprès de l'ouvrage d'Isaac Disraeli, *Usurers of the Seventeenth Century*.
www.gutenberg.org/ebooks/16350?msg=welcome_stranger

[27] Ibid., p. 24.

[28] Ibid., p. 47.

England, deux à trois millions de livres ont été perdues à travers les banqueroutes des orfèvres et la disparition de leurs employés greffiers.[29]

CROMWELL ET LA GUERRE CIVILE ANGLAISE

En 1534, par l'Acte de suprématie, l'Église Anglicane fut établie comme la religion officielle de l'Angleterre par le roi Henri VIII. Au cours des 16ème et 17ème siècles, les croyances puritaines basées sur les enseignements de John Wycliffe et Jean Calvin[30] gagnèrent un nombre croissant d'adeptes. Les Puritains considéraient la Bible comme la véritable loi de Dieu et insistaient sur la lecture de la Bible, la prière et le prêche, ainsi que la simplification du rituel des sacrements.

Le roi Stuart Charles Ier (1625-1649), qui souhaitait maintenir la prééminence de l'Église Anglicane, se retrouva prit dans un conflit intense contre les Puritains, qui faisaient de grand progrès en prosélytisme auprès de la population. Après l'assassinat de l'ami de confiance et conseiller de Charles, le Duc de Buckingham en 1628, il devint de plus en plus isolé.

La division religieuse croissante fournissait une parfaite opportunité à exploiter pour les conspirateurs Juifs. Comme l'écrit Israël Disraeli, le père du Premier Ministre Benjamin Disraeli, dans son ouvrage *The Life*

---

[29] Ibid., 24-25.
[30] A. H. M. Ramsay, *The Nameless War*, Britons Publishing Co., Londres, 1952, p. 11, récemment réédité par Omnia Veritas Ltd. Calvin venait de France où son nom s'épelait Cauin, une variante de Cohen. Lors d'une réunion du B'nai B'rith à Paris, racontée dans *La Gazette Catholique* de février 1936, il fut annoncé qu'il était d'origine juive.

and Reign of Charles I : « La nation fut astucieusement divisée en « Sabbatarians » d'un côté et en briseurs de sabbat de l'autre.[31]

En 1640, un des dirigeants de la communauté juive clandestine, Fernandez Carvajal, un marchand et un espion, qui était aussi connu sous le nom du « Grand Juif », organisa une milice armée d'environ 10,000 membres, qui fut utilisée pour intimider le peuple de Londres et semer la confusion. Un grand nombre de pamphlets et de brochures furent également distribués.[32]

La guerre civile s'ensuivit entre les Royalistes (Anglicans) et les Têtes Rondes (Puritains) ; elle dura de 1642 à 1648. Les Têtes Rondes, avec leur « armée dernier modèle » furent victorieuses et firent selon les estimations 190,000 victimes au sein de la population, soit 3,8%. Le dirigeant des Têtes Rondes était Olivier Cromwell (1599-1658), dont « l'armée dernier modèle » n'était pas seulement équipée et entrainée par l'entrepreneur et agitateur professionnel, Fernandez Carvajal, mais également financée par les usuriers Juifs d'Amsterdam. Le dirigeant des Juifs hollandais, Manasseh Ben Israel,[33] envoya d'implorantes supplications à Cromwell en lui demandant d'autoriser les Juifs à retourner en Angleterre en échange des faveurs financières qu'il lui avait si généreusement

---

[31] Ibid., p. 11.
[32] Ibid., p. 12-13.
[33] Ibid., p. 13.

octroyées.[34]

Un pamphlet datant de 1650 dépeignant **Olivier Cromwell** en monarque de l'Angleterre.

---

[34] A. M. Andreades, op. cit., p. 30.

LE RÉGICIDE DU ROI CHARLES IER

La perfidie à laquelle s'est livrée Cromwell est révélée par sa correspondance avec la Synagogue de Mulheim, en Allemagne.

Le 16 juin 1647,

D'Olivier Cromwell à Ebenezer Pratt

« En échange d'un soutien financier, j'autoriserai la réadmission des Juifs en Angleterre : cela est cependant impossible tant que Charles est encore vivant. Charles ne peut pas être exécuté sans un procès, dont les motifs d'accusation n'existent pas à l'heure actuelle. Je suggère ainsi que Charles soit assassiné, mais je ne veux rien avoir à faire avec les arrangements pour fournir un assassin, bien que je sois disposé à l'assister dans sa fuite. »

Voici la réponse à ce courrier :

Le 12 juillet 1647,

À Olivier Cromwell, de la part d'Ebenezer Pratt

« Accordera aide financière dès que Charles sera détrôné et les Juifs réadmis. L'assassinat est trop dangereux. Nous devons permettre à Charles de s'échapper : sa capture rendra le procès et l'exécution possible. Notre soutien sera important, mais inutile d'en discuter les termes avant que le procès ne commence. »³⁵

Le roi Charles était maintenu prisonnier à la Holmby House, dans le Northamptonshire. Le 4 juin 1647, 500 révolutionnaires s'emparèrent de lui, puis lui permirent de s'échapper à l'île de Wight où il fut par la suite arrêté. Le 5 décembre 1648 la Chambre des Communes décida que « les concessions consenties par le roi étaient satisfaisantes et pouvaient conduire à un accord. »³⁶

L'exécution du roi Charles Ier sur une gravure d'époque

Cromwell entreprit alors une purge de la House of Commons avec l'assistance du Colonel Pryde, jusqu'à

---

[35] A. H. M. Ramsay, op. cit., p. 14-15. D'après une lettre publiée dans *Plain English* le 3 septembre 1921 : « Les Sages de Sion existent depuis bien plus longtemps qu'on ne le pense. Mon ami, Mr L. D. Van Valckert d'Amsterdam, m'a récemment envoyé une lettre contenant deux extraits trouvés dans la Synagogue de Mulheim. Le volume qui les contiens fut perdu au cours des Guerres Napoléoniennes, et est tombé depuis peu en possession de Mr Van Valckert. Ils sont écrits en allemand, et contiennent des citations de courriers reçus par les autorités de la Synagogue de Mulheim. »
[36] Ibid., p. 16.

ce qu'il ne reste plus qu'un parlement « croupion » constitué de 50 membres, qui votèrent alors passivement le procès du roi. Pas un seul juriste anglais ne voulait rédiger un acte d'accusation contre le roi. Ce dernier fut finalement formé par un Juif hollandais, Isaac Dorislaus. Le roi fut forcé de participer au procès truqué qui se tint à la Haute Cour de justice, dont les deux tiers des membres étaient des Niveleurs[37] appartenant à l'armée. Charles refusa de plaider, mais fut déclaré coupable et exécuté le 29 janvier 1649. À mesure que le convoi approchait de l'échafaud une large proportion de la foule criait « God Save the King ! » (« Que Dieu sauve le Roi ! ») Après l'exécution, une clameur d'angoisse se répandit dans tout le peuple.

LA SECONDE IMMIGRATION JUIVE

Du 7 au 18 décembre 1655, Cromwell qui se faisait appeler Lord Protector (Seigneur Protecteur), tint une conférence à Whitehall, Londres, afin d'obtenir l'approbation à une nouvelle immigration à grande échelle des Juifs. Malgré que la conférence soit remplie des partisans de Cromwell, le consensus écrasant parmi les délégués, constitués en majorité de prêtres, d'hommes de loi et de marchands, fut que les Juifs ne devaient pas être autorisés à revenir en Angleterre.[38] En octobre 1656 les premiers Juifs furent clandestinement autorisés à débarquer librement en Angleterre, en dépit des protestations qui avaient été formulées par le sous-

---

[37] Une alliance informelle d'agitateurs et de pamphlétaires, qui étaient les précurseurs des Jacobins et des Bolchéviques.
[38] H. S. A. Henriques, Les Juifs et la loi Anglaise IV, *The Jewish Quaterly Review*, Vol. 14, No. 4, juillet 1902, p. 653-697.

comité du Conseil d'État, ayant déclaré que ces Juifs « constituaient une grave menace envers l'État et la religion Chrétienne. »[39] « Tous les marchands sans exception s'opposèrent à la réadmission des Juifs. Ils déclarèrent que les immigrés seraient néfaste au pays, et que leur admission enrichiraient les étrangers aux dépends des Anglais. »[40]

Cromwell mourut le 3 septembre 1658 et fut succédé par son fils, Richard, qui régna pendant neuf mois. Le fils de Charles Ier, Charles II (1660-1685) réinvestit le trône de son père assassiné. Bien qu'il fût le dernier monarque Anglais à battre monnaie (sous forme de billets de banque), il commit deux erreurs politiques fatales. Le 1er août 1663 il promulgua la loi euphémiquement intitulée : Loi pour l'Encouragement du Commerce, qui autorisait « l'exportation de toutes les pièces et lingots d'or et d'argent vers l'étranger, libre de toutes contrainte et régulation d'aucune sorte. »[41] Pendant le débat sur le projet de loi, le Comte d'Anglesey fit observer avec prescience « qu'il était dangereux pour la paix du royaume qu'il se trouve à la merci d'une poignée de super riches mécontents et factieux pouvant former une banque (un organe d'accumulation) à partir de notre propre devise monétaire et nos réserves d'or, au-delà des mers en nous laissant manquer de liquidités lorsqu'il ne sera

---

[39] A. H. M. Ramsay, op. cit., p. 16-17.
[40] A. M. Hyamson, *A History of the Jews in England*, Methuen, 1928 tel que cité par A. N. Field, *All These Things*, Omni Publications, Hawthorne, Californie, 1936, p. 215.
[41] D. Astle, op. cit., p. 44.

(plus) au pouvoir du roi de les en empêcher. »[42]

TO THE
Parliament, The Supream Court of
ENGLAND,

And to the Right Honourable *the Coun-
cell of State,* Menasseh Ben Israel, *prayes
God to give Health, and all Happinesse :*

T is not one caufe alone (moſt renowned Fa-
thers) which uſeth to move thoſe, who defire
by their Meditations to benefit Mankind, and
to make them come forth in publique, to de-
dicate their Books to great Men; for ſome,
and thoſe the moſt, are incited by Covetouſneſſe, that
they may get money by ſo doing, or ſome peece of
Plate of gold, or Silver; ſometimes alſo that they may
obtaine their Votes, and ſuffrages to get ſome place for
themſelves, or their friends. But ſome are moved thereto
by meere and pure friendſhip, that ſo they may publick-
ly teſtifie that love and affection, which they bear them,
whoſe names they prefixe to their Books; let the one, and
the other, pleaſe themſelves, according as they delight in
the reaſon of the Dedication, whether it be good or bad;
for my part, I beſt like them, who do it upon this ground,
that they may not commend themſelves, or theirs, but
what is for publick good.

As for me (moſt renowned Fathers) in my dedicating
A 2   this

(3)

Pamphlet publié par Menasseh ben Israel pour promouvoir la réadmission des Juifs en Angleterre.

---

[42] A. Del Mar, *The History of Money in America from the Earliest Times to the Establishment of the Constitution*, Omni Publications, Hawthorne, Californie, 1966, (publié la première fois en 1899), p. 66.

Trois ans plus tard, au moyen d'une loi pour l'Encouragement de la Frappe de monnaie, il permit à des personnes privées, c.-à-d. à des banquiers et des orfèvres de frapper les pièces du royaume à la Royal Mint (La Monnaie royale) et d'acquérir ainsi le privilège considérable du droit de seigneuriage (la différence entre la valeur faciale des pièces et leur coût de production) comme revenu à leur seul profit. De surcroit, cela leur permit d'accroitre ou de diminuer à leur guise la masse monétaire en circulation et ainsi d'augmenter ou de baisser les prix à volonté, au grand détriment du reste de la population.

Le règne de son frère, James II (1685-1688), dura seulement trois ans. Il fut la victime de pamphlets et d'une propagande sans scrupule qui émanait principalement de Hollande. Une expédition militaire entreprise par le Prince Guillaume d'Orange finit par le détrôner pour de bon. Bien que l'armée de James soit supérieure en nombre, il fut découragé d'attaquer après que John Churchill, le premier Duc de Marlborough, l'ait soudainement abandonné. D'après la *Jewish Encyclopedia*, Churchill reçut par la suite une rente annuelle de £6,000 de la part du Juif hollandais Salomon de Medina en récompense pour sa trahison.[43] Cette grosse somme, « le prix du sang », permit à Churchill d'entreprendre la construction du palais de Blenheim, qui fut terminé à sa mort en 1722.

La campagne militaire de Guillaume d'Orange, comme celle de l'autre Guillaume le Conquérant en 1066, fut financée par les banquiers Juifs. En échange de leur

---

[43] A. H. M. Ramsay, op. cit., p. 18.

soutien, Guillaume III (1689-1702) abandonna la prérogative royale d'émettre la monnaie de l'Angleterre libre de toute dette et intérêt, à un consortium connu sous le nom de Gouverneur et Compagnie de la Banque d'Angleterre. A. N. Field dans son ouvrage *All these Things*, résume les évènements de cette époque de la manière suivante :

> « Trente-trois ans après que Cromwell ait laissé les Juifs revenir en Angleterre, un prince hollandais débarquait d'Amsterdam entouré d'un essaim de Juifs en provenance de ce centre financier. Expulsant son beau-frère [James II] du royaume, il consentit gracieusement à s'assoir sur le trône de l'Angleterre. Le résultat naturel qui suivit cet évènement, fut l'inauguration de la Dette Nationale, par l'établissement six ans plus tard de la Banque d'Angleterre, dont l'utilité était de prêter de l'argent à la Couronne. L'Angleterre avait vécu à sa manière avant que les Juifs ne débarquent. Le prêteur sur gage fut dès lors dans la place, et la situation dans laquelle la nation se trouve aujourd'hui, ne peut pas être mieux décrite que selon les termes de Shakespeare, lorsqu'il mit, avec une vision prophétique, ces mots dans la bouche du mourant Jean de Gand :
>
> > *Cette patrie de tant d'âmes chères, cette chère, chère*
> > *patrie, Chérie pour sa gloire dans le monde,*
> > *Est maintenant affermée, je meurs en le déclarant,*
> > *Comme un fief ou une ferme misérable*
> > *Cette Angleterre, engagée dans une mer triomphante,*
> > *Dont la côte rocheuse repousse l'envieux assaut*
> > *De l'humide Neptune, est maintenant engagée à*

l'ignominie
Par les taches d'encre et par les parchemins pourris !
Cette Angleterre qui avait coutume d'asservir les autres,
A consommé honteusement sa propre servitude !
- Richard II, Acte II, Scène I

« L'histoire de la deuxième installation des Juifs en Angleterre n'est qu'une longue traine d'obligations rédigées sur des parchemins, enchainant la nation par la dette. Chaque étape de l'ascension des Juifs dans les affaires de la nation a été marquée par l'augmentation et la multiplication de la dette. »[44]

LA CRÉATION DE LA BANQUE D'ANGLETERRE

Le besoin d'établir une banque centrale privée fut mis en avant par un pirate à la retraite,[45] William Paterson, lorsqu'il rédigea un pamphlet en 1693, intitulé *A Brief Account of the Intended Bank of England.*[46] Il se vantera plus tard du fait que cette Banque « engrange les bénéfices des intérêts sur l'argent qu'elle crée à partir de rien »[47] Le jeudi 21 juin 1694, une liste de souscription pour la Banque, qui était dotée d'un capital initial de £1,200,000 fut ouverte. Le lundi suivant ce montant était entièrement souscrit.

Le but évident de la banque était de prêter au roi Guillaume des sommes d'argent illimitées à 8% par an,

---

[44] A. N. Field, op. cit., p. 218.
[45] A. M. Andreades, op. cit., p. 60. À cette époque, la profession de flibustier n'était pas considérée comme déshonorante.
[46] Ibid., p. 66.
[47] W. G. Simpson, *Which Way Western Man ?*, Yeoman Press, Cooperstown, New York, 1978, p. 621.

pour lui permettre de poursuivre la guerre, et en particulier le conflit qui l'opposait à Louis XIV de France, dont le pays n'était pas encore sous le système usuraire.[48] La banque recevait ainsi les intérêts versés par la Couronne, pour un montant de £100,000 par an, les £4,000 additionnel constituant les frais d'administration. La Banque acquis également le droit d'émettre £1,200,000 en billet de banque sans aucune couverture en or.

Avant son enregistrement, les statuts de la Banque furent scrutés avec attention par le juriste Levinz, de manière à ce qu'elle soit pleinement en accord avec son but caché, c.-à-d. de saigner le peuple anglais à perpétuité, en autorisant la création de la monnaie nationale à partir de rien en facturant des intérêts. Toute cette fausse monnaie devait être remboursée accompagnée d'intérêts composés. Levinz était un Juif d'Amsterdam qui exerçait comme avocat.[49]

Il y eut une forte opposition à la création de la Banque. Elle venait principalement des orfèvres et des prêteurs de deniers, qui comprirent qu'elle mettrait un terme à leur racket de l'usure bancaire sous forme de réserves fractionnaires basées sur les reçus d'or qu'ils émettaient. Les propriétaires terriens et la noblesse de province craignaient une augmentation des taux d'intérêts, car la Banque contrôlerait le volume monétaire de la nation. Des allégations furent formulées au sujet du fait que la

---

[48] F. J. Irsigler, *On the Seventh Day They Created Inflation*, Wynberg, Le Cap, Afrique du Sud, 1980, p. 5.
[49] J. E. T. Rogers, *The First Nine Years of The Bank of England*, Clarendon Press, Oxford, 1887, p. 4.

banque favoriserait certains marchands, en leur accordant des taux d'intérêts préférentiels. La plus grande crainte était que « la Banque devienne trop puissante et soit ainsi la pierre angulaire du commerce mondial. »[50] Malheureusement, c'est exactement ce qui se produisit, car la Banque d'Angleterre servit de modèle à toutes les autres banques centrales qui se succédèrent.

La création de la **Banque d'Angleterre** actée par une loi votée au Parlement décrite comme « Une loi pour garantir à leurs Majestés plusieurs tarifs et droits sur le tonnage des navires et des vaisseaux… »

En ce temps-là, la Chambre des Communes était composée de 514 membres répartis en 243 Tories, 241 Whigs et 28 membres dont l'allégeance était inconnue.[51] Environ les deux tiers des membres étaient des gentilshommes provinciaux et il est connu que 20%

---

[50] A. M. Andreades, op. cit., p. 69.
[51] House of Commons Information Office, Chambre des Communes, Londres.

d'entre eux étaient illettrés. La loi fut débattue en juillet 1694, au plus chaud de l'été, lorsque les représentants ruraux étaient occupés à leurs récoltes.[52] Ce jour funeste du vendredi 27 juillet 1694 lorsque la Charte d'Incorporation fut avalisée, seul 42 membres étaient présents, que des Whigs - car les Tories s'y opposaient – qui votèrent tous en faveur de la loi. (Cela pose la question de ce qui constituait un quorum à cette époque.)

L'intitulé de la loi ne portait aucune mention de la Banque d'Angleterre proposée, qui n'était décrite ou plutôt dirons-nous sécrétée, pour les deux-tiers en un verbiage inintelligible – c.-à-d. au profane.

La phrase d'ouverture de la loi débute ainsi : « Guillaume et Marie, Roi et Reine d'Angleterre, d'Écosse, de France et d'Irlande, par la grâce de Dieu, défenseurs de la foi, etc. À qui tous ceux qui les représentent souhaitent la bienvenue. » La troisième phrase, qui contient 242 mots, commence ainsi : « Alors que dans et par une certaine Loi faite dernièrement au Parlement intitulée Loi portant octroi à Leurs Majestés plusieurs tarifs et devoirs en fonction du TONNAGE DES NAVIRES ET BÂTIMENTS, et sur la bière, les boissons fermentées et autres liqueurs, pour fixer certaines récompenses et avantages dans la loi mentionnée, ces personnes devront volontairement avancer la somme de £150,000 pour continuer la guerre

---

[52] Une législation similaire fut votée pour la Réserve Fédérale américaine, détenue par un actionnariat privé, le 23 décembre 1913, alors que seul un petit nombre restant de membres étaient présents, la majorité étant rentré célébrer Noël chez eux. H. S. Kenan, *The Federal Reserve Bank*, The Noontide Press, Los Angeles, 1966, p. 19-20.

avec la France, il est entre autres adopté… »[53]

Jour de versement des dividendes à la Banque d'Angleterre, gravure sur bois, circa 1800

L'essentiel des premiers deux-tiers de la loi évoque en détail la nécessité d'appliquer tout un panel compliqué de nouveaux tarifs, obligations, et impôts sur les navires, la bière, les boissons fermentées et autres liqueurs. Le véritable sens de la mise en place de toutes ces taxes étaient qu'elles étaient nécessaires au paiement des intérêts sur tous les futurs emprunts gouvernementaux. Peu de temps après, d'autres impôts furent introduits : l'impôt foncier, l'impôt sur le papier, l'impôt de capitation, l'impôt sur le sel, le droit de timbre et l'impôt de la fenêtre, qui remplacèrent l'impôt

---

[53] D. Astle, op. cit., p. 55.

du foyer ou des cheminées. Les autres impôts créés furent la taxe sur les colporteurs, une taxe sur les fiacres, une taxe sur les naissances, mariages et décès et enfin une taxe sur les célibataires.[54] Cependant, l'impôt le plus confiscatoire fut celui sur le revenu indexé à un taux de 20%. Il était appliqué non seulement aux entreprises, mais également aux fermiers.[55].

LA GUERRE ET LA SERVITUDE DE LA DETTE À PERPÉTUITÉ

Désormais, émergerait un modèle de société où des guerres inutiles seraient déclenchées afin d'augmenter simultanément la dette nationale et les profits des usuriers. De manière significative, la plupart de ces guerres furent déclarées contre des pays qui avaient mis en place un système bancaire sans intérêt, comme ce fut le cas dans les colonies Nord-Américaines et dans la France de Napoléon. Ce schéma de renforcement par la violence du système d'usure des banquiers, a largement été déployé au cours de l'ère moderne et s'illustre par les défaites de la Russie Impériale durant la Première Guerre mondiale, puis de l'Allemagne, de l'Italie et du Japon lors de la Deuxième Guerre mondiale, et plus récemment en Lybie en 2011. Tous ces pays étaient dotés d'un système bancaire étatique qui redistribuait la richesse de leurs nations respectives sur une base équitable, en fournissant à leur population un niveau de vie bien supérieur à ceux de leurs rivaux contemporains.

---

[54] A. M. Andreades, op. cit., p. 55.
[55] J. E. T. Rogers, op. cit., p. 106-107.

En 1696, dans les deux ans qui suivirent son établissement, la Banque d'Angleterre avait mis en circulation pour £1,750,000 de billets de banque avec une réserve d'or de seulement 2%, correspondant à une valeur de £36,000.[56] Le 1ᵉʳ mai 1707 l'union entre l'Écosse et l'Angleterre fut établie, grandement motivée par la nécessité de s'emparer du contrôle de la Royal Mint à Édimbourg, qui eut lieu en 1709.

En 1720, après la fin de la Guerre de Succession d'Espagne (1701-1714), la dette publique s'élevait à £30 millions, avec une guerre ayant coûté à elle seule £50 millions.[57] Après la Guerre d'Indépendance américaine (1775-1783), qui avait été déclenchée après que les colons se soient vus forcés de remplacer leur monnaie créée sans dette, par de l'argent anglais, ce qui avait provoqué un chômage de 50% de la population active, la dette nationale se monta à £176 millions.

D'après Sir John Harold Clapham, qui rédigea *The Bank of England: A History 1694-1914* en 1944, Solomon de Medina et deux da Costa, Fonseca, Henriquez, Mendez, Nuñez, Rodriguez, Salvador et Teixeira de Mattos, qui étaient tous Juifs Sépharade, avaient acquis la majorité des actions de la banque en 1722.

En 1786, le Premier Ministre William Pitt le Jeune, essaya d'abolir la dette publique par un fond d'amortissement qui générait des intérêts de £1 million de livres par an qu'il consacrait entièrement au paiement

---

[56] F. J. Irsigler, op. cit., p. 5.
[57] A. M. Andreades, op. cit., p. 119.

de la dette.[58] Ce procédé fut bientôt abandonné à cause de l'énorme augmentation des emprunts nécessaires au financement de la guerre contre Napoléon. En 1797, afin de payer le fardeau croissant des intérêts, un système d'impôt graduel sur le revenu fut mis en place, dont le produit s'élevait en 1815 à £70 millions par an.[59]

La guerre contre la France dura de 1792 à 1815. L'objectif principal de cette effusion de sang inutile, était de détruire le système financier sans dette et sans intérêt mis en place par Napoléon. (Voir le Chapitre III) Pendant cette période, l'Angleterre mena aussi une guerre contre les États-Unis de 1812 à 1814. Cette guerre, tout comme celle avec la France, fut initiée par l'Angleterre à la demande du banquier Mayer Amschel Rothschild (de son véritable nom Bauer), après que le Congrès des États-Unis ait refusé de renouveler la charte de la Banque des États-Unis contrôlée par Rothschild[60], qui avait été la banque centrale de l'Amérique de 1791 à 1811.[61] Nathan Rothschild est célèbre pour avoir déclaré en 1815 : « Donnez-moi le contrôle de la monnaie d'une nation, et je me moque de qui fait les lois. La minorité qui comprend le système, sera soit si intéressée par ses profits ou si dépendant de ses faveurs, qu'il n'y aura jamais d'opposition de la part des membres de cette classe sociale. » Le Premier

---

[58] W. D. Bowman, *The Story of the Bank of England*, Herbert Jenkins Ltd, Londres, 1937, p. 291.
[59] A. M. Andreades, op. cit., p. 162.
[60] 100% des actions de la banque étaient détenues par les Rothschild et leurs associés.
[61] En 1836, le Président Andrew Jackson fit fermer la Seconde Banque des États-Unis en retirant tous les dépôts du gouvernement. Elle avait été créée par une charte de 20 ans en 1816. Les Rothschild et leurs associés détenaient 80% des actions et le gouvernement américain, le reste.

Ministre britannique Spencer Perceval (1809-1812) essaya de faire cesser cette guerre complètement futile, mais il fut assassiné le 11 mai 1812 dans le hall de la Chambre des Communes par John Bellingham, un extrémiste mandaté par Rothschild.[62]

En 1815, la dette publique s'était envolée à £885 millions. Cette guerre parfaitement inutile coûta la vie à approximativement trois millions de soldats et un million de civils. Détruire la banque d'État créée par Napoléon, coûta au peuple britannique £831 million[63], dont £2,5 milliards restaient encore à payer en 1914. Le principal de £504 millions avait quintuplé avec le temps, grâce à la magie des intérêts composés.

William Cobbet (1763-1835), un parlementaire astucieux représentant du monde agricole, perçut à cette époque ce qui se tramait et écrivit ceci :

> « Je me mis à étudier la Loi du Parlement par laquelle la Banque d'Angleterre avait été créée. Les investisseurs savaient ce qu'ils faisaient. Leurs buts étaient d'hypothéquer par étapes successives tout le

---

[62] www.tomatobubble.com/fh1.html NWO Forbidden History (1765-1816). En parallèle de cette nomination au poste de Premier Ministre le 4 octobre 1809, Perceval servit aussi de Chancelier de l'Échiquier, poste où il avait été nommé à partir du 28 mars 1807. Il était ainsi parfaitement familier des méandres de la haute finance. Au cours de son mandat, son Secrétaire au Trésor était John Charles Herries, un ami personnel et l'informateur secret de Nathan Rothschild. Voir N. Ferguson, *The House of Rothschild, Money's Prophets 1798-1848*, Vol. 1, Penguin Books, Londres, 1999, p. 86. (Le professeur Ferguson est un initié qui a participé à la conférence du Bilderberg qui s'est tenue à Chantilly, en Virginie, aux USA.)
[63] W. D. Bowman, op. cit., p. 290.

pays... les terres... les maisons... les propriétés... le travail. Leur plan a produit ce que le monde n'avait encore jamais connu : la misère au milieu de l'abondance. »[64]

En 1800, Sir William Pultney, un membre du parlement, proposa la formation d'une banque nationale après avoir formulé des « attaques vigoureuses » contre la Banque.[65] En 1824, un autre membre du parlement, David Ricardo, soumis un plan détaillé[66] pour convertir la Banque d'Angleterre en une banque nationale. Ces deux tentatives échouèrent. Les affaires de la Banque d'Angleterre restèrent secrètes et ce ne fut qu'en 1833, 139 ans plus tard, qu'une version épurée de ses activités fut présentée au parlement par l'intermédiaire de la Loi de 1833.[67]

Au début de la Première Guerre mondiale en 1914, la dette nationale s'élevait à £650 millions.[68] Le 31 mars

---

[64] W. Cobbett, *The Political Register*, Vol. XVIII, No. 1, Londres, 14 juillet 1810.
[65] Ibid., p. 207.
[66] W. D. Bowman, op. cit., 228 et A. M. Andreades, op. cit., p. 417-427.
[67] A. M. Andreades, op. cit., p. xii et p. 261.
[68] Quelques jours après que l'Angleterre ait déclaré la guerre le 4 août 1914, une mesure d'urgence fut prise par l'émission de £300 millions de billets en livres Bradbury de £10 et £1, libre de dette et d'intérêt. Ils furent bientôt remplacés par des emprunts de guerre. Le professeur Frederick Soddy, lauréat du Prix Nobel, expliqua la manière frauduleuse selon laquelle ces emprunts furent contractés : « La Banque d'Angleterre publia une circulaire offrant de prêter à 3 pour cent l'argent nécessaire à l'achat des Emprunts de Guerre, sur lesquels le contribuable devait verser 4 pour cent d'intérêts. Ainsi pour chaque livre que le contribuable emprunta, la banque reçut 15 pence, et le souscripteur bidon 5 pence. La banque ne prit aucun risque, car elle détenait la nouvelle souscription comme garantie à leur prêt jusqu'à ce que la dette soit remboursée. » F. Soddy, *Wealth, Virtual Wealth and Debt*, G. Allen & Unwin, Londres, 1933, p. 255.

1919, elle s'était envolée à £7,434 milliards[69] sur lesquels £3 milliards sont encore à payer 95 ans après à un taux d'intérêt de 3,5% par an. En 1919 40% de toutes les dépenses budgétaires étaient consacrées au paiement des intérêts. Au cours de la Deuxième Guerre mondiale, la dette publique augmenta de presque 300%, passant de £7,1 milliards en 1939 à £20,1 milliards en 1945. En date de juin 2014, elle se monte à £1,3 trilliard.[70] Cependant, si nous y ajoutons tous les engagements, y compris les retraites du secteur public et privé, elle dépasse les £5 trilliards.

LA NATIONALISATION

Le 14 février 1946 le gouvernement Travailliste nationalisa la Banque d'Angleterre. Les actionnaires reçurent des Bons du Trésor pour une valeur de £11,015,100 honorables après 20 ans. Cette nationalisation, qui était supposée placer la banque sous contrôle public, ne modifia en rien le système bancaire privé de réserves fractionnaires et fut seulement entreprise à des fins de propagande, figurant sur la liste du programme de nationalisation du parti Travailliste de certains secteurs financiers et industriels.

Le 6 avril 1974, la Banque d'Angleterre enregistra la Bank of England Nominees Limited, société immatriculée sous le numéro 1307478, une filiale en propriété exclusive, dont les actionnaires privés détenant ses 100 actions à £1 chacune, dont 50% furent

---

[69] A. N. Field, op. cit., p. 164-165

[70] www.nationaldebtclocks.com/unitedkingdom.htm

vendus. Certains soupçonnent que ce réarrangement dans le mode de gestion de la banque représente sa captation inversée par des actionnaires privés. Au vu du fait que certains aspects des opérations de la Banque d'Angleterre sont protégés par la Charte Royale, section 27 (9), ainsi que par la Loi sur les Sociétés de 1976, et la Loi sur les Secrets d'État de 1989, n'étant donc plus soumise à aucune sorte d'observation publique ni même à un simple examen parlementaire, cette supposition pourrait bien s'avérer tout à fait fondée.

CHAPITRE III

LES BOURBONS, NAPOLÉON ET LA BANQUE DE FRANCE

> *Les faits mortels révélés ici me conduisirent à m'interroger : comment ce monstre, les intérêts, n'avait pas encore dévoré l'entière race humaine.*
>
> — Napoléon Bonaparte,
> en examinant une table d'intérêt.

Lorsque la Banque d'Angleterre fut établie en 1694, un de ses principaux objectifs était de fournir les fonds nécessaires à la poursuite des hostilités contre la France. À cette époque, la France était la première puissance mondiale. Autant en termes de force maritime que de possession territoriale. Quatre ans auparavant, lors de la bataille de Beachy Head, près d'Eastbourne en Angleterre, la marine française avait copieusement vaincu la flotte anglaise en coulant douze navires, tandis que vingt autres étaient sabordés par leurs équipages anglais.[71]

Depuis le 7 juin 1654, la France était dirigée par son monarque le plus glorieux, Louis XIV le Roi Soleil.

---

[71] À la bataille de Trafalgar, le 21 octobre 1805, les Français perdirent un navire.

Louis était très au fait des manigances des banquiers. Lorsqu'il découvrit que son ministre des finances, Nicolas Fouquet, était un représentant de ce que l'on nomme aujourd'hui le pouvoir monétaire, et recevant les preuves irréfutables « qu'il avait trahi la confiance placée en lui par une mauvaise gestion des deniers publics et par une monstrueuse corruption », il le fit arrêter. Fouquet fut jugé et condamné et assigné à résidence pour le restant de ses jours dans la forteresse inaccessible de Pignerol.[72]

La Guerre de succession d'Espagne (1702-1714) fut le plus grand conflit militaire depuis les Croisades. Elle se déclencha après que Louis ait déclaré son intention de placer son petit-fils, Philippe, duc d'Anjou, sur le trône espagnol. Si cette tentative aboutissait, elle créerait un vaste empire Franco-Espagnol, faisant ainsi peser une menace directe à la Banque d'Angleterre et à son fondé de pouvoir, le gouvernement de la Grande-Bretagne. Grâce à sa capacité de créer l'argent à partir de rien, les Anglais parvinrent à construire une flotte importante et à acheter la loyauté des ennemis de la France en les soudoyant grassement.

Louis se maintint pendant neuf ans, jusqu'à ce que ses héritiers commencent à mourir dans d'étranges circonstances. Le 13 avril 1711, son fils Louis, le Grand Dauphin, mourut prétendument de la variole, bien qu'il ait déjà contracté la maladie en étant enfant. Le 12 février 1712, la femme de son petit-fils, le duc de Bourgogne, mourut d'un accès de fièvre. Quelques

---

[72] W. G. Simpson, *Wich Way Western Man ?* Yeoman Press, Cooperstown, New York, 1978, 230.

jours plus tard, son mari couvert de boutons décédait le 18 février 1712 de causes inconnues. Quelques semaines plus tard, les deux arrière-petits-fils du Roi tombèrent malade de la scarlatine. Le duc de Bretagne, âgé de cinq ans, mourut le 18 mars 1712. Son frère de trois ans, le duc d'Anjou, survécu miraculeusement après que le Roi ordonna sa mise à l'écart et son traitement au moyen d'un antidote.

Suites à ces tragédies, le Roi fut persuadé de cesser les hostilités et d'engager des négociations. À Utrecht un traité fut signé en mars et avril 1713 ; ce qui permit à la France de conserver largement ses frontières d'avant la guerre. À partir de là, les héritiers du trône français cessèrent de mourir, bien que cela n'empêcha pas l'autre petit-fils de Louis, le duc de Berry, qui était le régent du futur Louis XV, de mourir d'un « accident » de cheval inhabituel.[73]

Brisé par le chagrin, le Roi Soleil s'éteignit de cause naturelle le 1er septembre 1715.

La capacité des Anglais à contrôler de vastes sommes d'argent, n'avait pas échappé à la vigilance des Français, ces derniers comprenant que la guerre n'avait pas été gagnée à cause d'une déficience de crédit financier. Le 1er mai 1716, un écossais, John Law, reçut l'autorisation d'ouvrir une banque privée, la Banque Générale. Elle était modelée sur la Banque d'Angleterre et fut autorisée à émettre des billets de banque et de les échanger contre

---

[73] N. Starikov, *Rouble Nationalization The Way to Russia's Freedom*, St. Pétersbourg, Piter, 2013, 57-58.

de l'or.[74]

Le régent de Louis XV, Philippe II, duc d'Orléans, réalisa que la banque pouvait fournir au gouvernement les moyens de pourvoir à ses dépenses et en 1718, la première banque centrale de la France fut instituée, elle fut renommée la Banque Royale.

L'adoption du paradigme de la Banque d'Angleterre, basé sur la capacité de créer de la monnaie *ex-nihilo*, permit bientôt à l'économie française de retrouver une embellie et de fleurir à nouveau. Cependant, cette période de prospérité fut de courte durée. En janvier 1720, le gouvernement français contracta un emprunt record de 100 millions de *livres*. Le mois suivant, la rumeur se répandit que la banque expérimentait des difficultés à échanger ses billets contre des pièces d'or et une « panique atroce » s'ensuivit.[75] L'origine de cette rumeur n'est pas connue, mais le probable suspect aurait été la Banque d'Angleterre qui souhaitait détruire son dangereux rival.[76]

Il y eut diverses tentatives pour renflouer la Banque Royale. Un décret du 11 mars 1720 bannit l'usage des pièces à partir du 1ᵉʳ mai. Lorsque cette mesure échoua à endiguer la catastrophe imminente, un décret fut promulgué le 22 mai 1720 qui réduisit de 50% la valeur

---

[74] Ces évènements sont plus connus sous le nom de l'affaire de la Compagnie du Mississippi.
[75] N. Starikov, op. cit., 59.
[76] Voir Chapitre IV, pour une description de la manière dont la Banque d'Angleterre détruisit la monnaie des assignats de la France révolutionnaire.

des billets. Un troisième décret du 10 octobre 1720 déclarait qu'à partir du 1er novembre, les billets seraient retirés de la circulation et échangeables contre des bons d'état dévalués de 50% de leur valeur. En novembre 1720 la Banque Royale se déclara en faillite et son fondateur, le contrôleur général des finances, John Law, s'enfuit du pays le mois suivant. Pour la Banque d'Angleterre, la disparition de la Banque Royale fut un triomphe absolu.

Louis XIV le Roi Soleil, fit toujours preuve de méfiance à l'égard les banquiers. Son incapacité à financer ses armées et sa marine, le conduisit à la défaite pendant la guerre de succession d'Espagne (1702-1714)

NAPOLÉON, LE RÉFORMATEUR MONÉTAIRE

Napoléon, qui fut Empereur de France de 1804 à 1815, fut toujours conscient du fait que les pouvoirs de l'argent restent toujours dans l'ombre et n'agissent qu'à travers des agents, qui sont eux-mêmes souvent ignorant des buts qu'ils poursuivent. Il réalisa que la finance internationale se tenait en embuscade derrière chaque ennemi étranger, chaque monarque et chaque parti politique, y compris les Jacobins[77], déclarant un jour que : « La main qui donne est au-dessus de la main qui reçoit. Les financiers n'ont pas de patrie, ils sont sans patriotisme et sans décence : leur seul objectif est le gain. »[78] Il avait des idées très claires sur la manière dont il souhaitait gérer l'économie française. Il définissait son système comme servant à exploiter les ressources du gouvernement, y compris ses finances, pour le bénéfice de son peuple et pour la plus grande gloire de Dieu. Son système était en faveur de la maintenance d'une suprématie spirituelle sur les valeurs matérielles, celle de la nation sur les partis politiques, celle du patriotisme sur l'avidité cosmopolite, celle de la loyauté sur la terreur despotique.[79]

---

[77] Les Jacobins étaient originellement les membres d'un mouvement politique révolutionnaire d'extrême gauche, qui défendait le principe d'une république centralisée. Au cours de la Révolution, ils mirent en place le Règne de la Terreur. Le Club des Jacobins était situé Rue St Jacques, à Paris.

[78] R. McNair Wilson, *Monarchy or Money Power*, Eyre & Spottiswoode, Londres, 1934, p. 92.

[79] En cela similaire à la devise de la France de Vichy : « *Travail, Famille, Patrie* ».

Napoléon établissant la Banque de France, le 18 novembre 1800

La base de l'économie devait être l'agriculture : « car elle est l'âme du peuple… les fondations du Royaume. »[80] Venait ensuite l'industrie, qui : « pourvoie au confort et au bonheur de la population »[81] En bon dernier, venait le commerce extérieur, constitué uniquement du surplus de l'agriculture et de l'industrie. Selon lui : « le commerce extérieur doit être au service de l'agriculture et de l'industrie nationale, ces derniers ne devant jamais lui être subordonnés. »[82] L'ultime objectif de Napoléon était de s'assurer non seulement de l'indépendance financière, mais de l'autosuffisance dans la production des biens consommés à l'échelle nationale.

---

[80] R. McNair Wilson, op. cit., p. 97.
[81] Ibid. p. 97.
[82] Ibid. p. 97.

Napoléon ne permit jamais que l'État ait recours à des emprunts pour les dépenses courantes, qu'elles soient civiles ou militaires, sous aucune circonstance. Au sujet de la dette, il déclara :

> « Il me suffisait de considérer ce à quoi les emprunts peuvent conduire pour réaliser leur danger. Aussi je ne voulus jamais rien avoir à faire avec eux et me suis toujours fermement opposé à leur recours. Certains ont déclaré que je ne souscrivais pas d'emprunt, parce que je ne possédais pas de crédit et ne pouvait trouver personne qui acceptait de me prêter. Cela implique une connaissance très restreinte de la nature humaine et une ignorance totale des méthodes financières, si ces gens s'imaginent que je ne pouvais trouver personne auprès de qui m'endetter. Cela ne faisait tout simplement pas partie de mon système. »[83]

LA BANQUE D'ÉTAT DE L'EMPIRE FRANÇAIS

La première initiative de Napoléon lorsqu'il prit le pouvoir en tant que Premier Consul, le 9 novembre 1799, fut d'établir la Banque de France, le 18 janvier 1800, sous la forme d'une société par actions, qui débuta ses opérations le 20 février de cette année. Cette banque remplaça les 15 banques privées, principalement juives, qui avaient été profondément impliquées dans les évènements ayant conduit à la Révolution Française de 1789 à 1799.[84] Ces banques avaient facturé des taux

---

[83] Ibid. p. 96.
[84] C. Quigley, *Tragedy and Hope, A History of the World in Our Time*, The

d'intérêts de rapace sur les crédits alloués à la couronne française, à tel point qu'avant 1789, cette dernière consacrait plus de 50% de ses dépenses à leur paiement.

La Banque fut créée avec un capital social de 30 millions de francs divisé en 30,000 actions de 1,000 francs chacune, dont une partie fut souscrite par Napoléon, sa famille et des membres de son entourage.[85] Les dividendes des actionnaires étaient initialement limités à 6% par an, mais furent augmentés en 1806 au deux-tiers des profits de la banque, le tiers restant étant alloué aux réserves. Les deux cents actionnaires les plus importants élisaient les 15 régents ou directeurs, qui siégeaient au Conseil Général d'Administration de la Banque, et trois censeurs ou inspecteurs, qui supervisaient sa gestion.

Le Conseil d'Administration, à son tour, élisait un Comité Central constitué de trois membres, dont l'un était président.[86] Napoléon se nomma lui-même président de la Banque, déclarant que la « Banque n'appartient pas seulement aux actionnaires, elle appartient aussi à l'État, car ce dernier lui a accordé le privilège d'émettre la monnaie. Je souhaite que la banque soit suffisamment entre les mains de l'État, sans

---

Macmillan Company, New York, 1966, p. 515.
[85] www.banque-france.fr/en/banque-de-france/history/the-milestones/1800-creation-of-the-banque-de-france.html
[86] Une histoire de l'activité bancaire au sein de toutes les nations dirigeantes ; comprenant les États-Unis, la Russie, la Hollande, les nations scandinaves, le Canada, la Chine, le Japon ; compilée par 13 auteurs. Édité par l'éditeur de *The Journal of Commerce and Commercial Bulletin*, New York, 1896, Vol. 3 (France, Italie, Espagne, Portugal, Canada).

trop cependant. »[87]

Le 14 avril 1803, par une Loi votée au parlement, Napoléon aboli le droit exercé par deux banques rivales, la *Caisse d'Escompte de Commerce* et le *Comptoir Commercial*, d'émettre des billets de banque. Comme il le fit remarquer en ce temps-là :

> « Ne m'aviez-vous pas dit qu'afin de préserver le crédit, il était nécessaire que la monnaie artificielle, comme celle créée par la Banque de France, soit émise à partir d'une seule source ? J'adopte cette idée. Une seule banque peut être plus facilement surveillée que plusieurs – à la fois par le gouvernement et par le peuple. En cas d'urgence, je ne perçois aucun avantage à une concurrence de ce type-là. »[88]

Le 22 avril 1806, une nouvelle loi fut promulguée, qui remplaça les trois membres du Comité Central par un gouverneur et deux adjoints.[89] Ces nominations furent personnellement avalisées par Napoléon. La nouvelle loi porta le capital de la Banque à 90 millions de francs. Napoléon était si méfiant et défiant à l'égard des banquiers, qu'il supervisa les opérations du Trésor, afin d'éviter que les secrets de sa politique monétaire soient ébruités et exploités par des spéculateurs. Il était ainsi son propre banquier, qui contrôlait à la fois la création et la distribution de la monnaie et du crédit, au grand chagrin des banquiers internationaux, particulièrement

---

[87] Encyclopedia Britannica, 1964, Vol. 3, p. 132.
[88] L'éditeur du *The Journal of Commerce and Commercial Bulletin*, op. cit.
[89] Ibid.

des Rothschild, qui se retrouvaient virtuellement exclus des opérations sur les marchés du continent. Napoléon fit du franc la devise la plus stable d'Europe. Après que la France ait abandonné le marché des emprunts de la City de Londres, un brouillard de dépression s'abattit sur la fraternité des banquiers et des usuriers. De manière révélatrice, la presse anglaise commença à répandre des calomnies sur le compte de Napoléon. Il fut accusé de ne pas avoir respecté les conditions du Traité d'Amiens, qui avait été signé entre l'Angleterre et la France le 25 mars 1802. Les relations se tendirent lorsque Napoléon refusa de signer un accord commercial, devant accroître la « liberté du commerce » et permettre ce qui est devenue de nos jours la mondialisation, le forçant ainsi à diminuer l'autarcie et l'isolationnisme de sa politique continentale.

L'Angleterre, sous la direction de ses banquiers internationaux, s'employa alors à financer[90] l'Autriche, la Prusse, la Russie, l'Espagne et la Suède et déclara aussitôt la guerre à la France. Les forces de la coalition[91] dépassaient les 600,000 hommes. Napoléon ne pouvait même pas rassembler un tiers de ce nombre, et aurait donc dû avoir recours aux emprunts bancaires pour armer et nourrir ses effectifs. Le 20 décembre 1803, il devança les fauteurs de guerre en vendant la Louisiane aux États-Unis pour £3 millions. Une brève période de paix et de prospérité s'ensuivit. Cependant, en 1806 une nouvelle coalition composée de l'Angleterre, de la

---

[90] D'après l'*Encyclopedia Britannica*, 1964, Vol. 19, p. 573, les Rothschild « levèrent » £100 millions pour les différents gouvernements d'Europe au cours des guerres Napoléoniennes.
[91] Ce fut la première de six coalitions armées différentes.

Russie et de la Prusse, à l'initiative de cette dernière, prirent le chemin de la guerre. Bien qu'il les ait vaincues à Iéna, le 14 octobre 1806, Napoléon fut forcé de s'engager dans une série de guerres inutiles pour les neuf années suivantes, afin de protéger la France et son nouveau système économique. Il promulgua le Blocus Continental, dont les objectifs étaient d'anéantir le commerce extérieur de l'Angleterre, car il savait que les anglais ne pouvaient pas payer ses importations et financer ses alliés en même temps.

Traité de Tilsit – Napoléon et le Tsar Alexandre Ier signent le traité sur un radeau sur le fleuve Niémen.

Lors du traité de Tilsit, signé le 7 juillet 1807 sur un radeau au milieu du fleuve Niémen en Prusse orientale, Napoléon et le Tsar Alexandre Ier forgèrent une alliance qui faisait d'eux les maitres de l'Europe continentale. Alexandre accepta de rejoindre le Blocus Continental de Napoléon contre l'Angleterre et de s'accorder un soutien mutuel en cas de querelle avec les autres nations, et en particulier l'Empire Britannique. À cette époque, la France et la Russie étaient les deux seuls pays en Europe qui n'étaient pas sous la coupe du système usuraire et donc pas endettés auprès des Rothschild. C'étaient ainsi les deux seules nations libres et indépendantes. Cependant, quelques années plus tard, la Russie commença à rompre le blocus. Cette action se fondait sur le fait que la Russie, une nation essentiellement productrice de matières premières, était dotée d'une faible capacité industrielle et restait dépendante de l'Angleterre pour l'importation de produits manufacturés. Alexandre n'était prêt à poursuivre le blocus, que si la France lui fournissait les biens auparavant importés de l'Angleterre. La France n'était pas en mesure d'honorer ces exigences, parce que l'Angleterre commandait les mers et il n'existait pas de route ni d'infrastructure ferroviaires en Europe à cette époque. Ainsi, afin de maintenir le blocus, Napoléon décida d'envahir la Russie le 24 juin 1812 avec une armée de 500,000 soldats. Bien qu'il atteignît Moscou le 14 septembre 1812, il se rendit compte que la ville avait été abandonnée, et sa retraite l'hiver suivant se transforma en désastre, avec seulement 110,000 hommes de son contingent qui survécurent. L'année suivante, Napoléon fut vaincu à la « Bataille des Nations » à l'est de Leipzig, le 19 octobre 1813. Le 11 avril 1814, il abdiquait à Fontainebleau.

Après avoir été exilé à l'île d'Elbe, située entre la Corse et la Toscane, Napoléon tenta un retour à la bataille de Waterloo, en Belgique actuelle, le 18 juin 1815. Tous les belligérants, l'Angleterre, la Prusse et la France furent financés par Nathan Rothschild, auprès de qui la France souscrivit un emprunt de £10 millions.⁹² Après sa défaite, Napoléon fut exilé sur l'île britannique de Sainte-Hélène dans l'Atlantique Sud, où il finit par mourir dans des circonstances mystérieuses, alors qu'il était un homme en pleine santé à l'âge de 51 ans, le 5 mai 1821. Un examen des restes de Napoléon a révélé qu'il était certainement mort d'un empoisonnement au cyanure, à la suite d'une intoxication chronique à l'arsenic.⁹³ En un tel cas, cela ne fait aucun doute qu'il s'agirait de l'œuvre d'un assassin mandaté par Rothschild, ce qui viendrait confirmer une habitude constamment répétée au cours des deux derniers siècles, d'assassiner tous les dirigeants qui proposent, instituent

---

⁹² Voir N. Ferguson, *The House of Rothschild, Money's Prophets 1798-1848*, Vol. 1, Penguin Books, Londres, 1999, p. 95-99, sur la manière dont l'armée du Duc de Wellington fut financée. En 1936, Eberhard Müller écrivit une pièce de théâtre intitulée *Rothschild Wins at Waterloo/Rothschild remporte la victoire à Waterloo*, dans laquelle Rothschild explique : « Mon argent est partout, et mon argent est amical. Il s'agit du pouvoir le plus amical au monde, gras, rond comme une balle et souriant. » ; « Ma patrie est la bourse de Londres » ; et « La fortune de l'Angleterre est entre mes mains. », p. 23.

⁹³ www.napoleon-series.org/ins/weider/c_assassination_w.html Les causes de la mort de Napoléon ont été minutieusement examinées par feu Ben Weider, qui le 18 février 1998 donna une conférence intitulée *The Assassination of Napoléon/L'assassinat de Napoléon* à l'Académie Militaire de Sandhurst, Londres. Weider a identifié le Comte Charles Tristan de Montholon comme le probable empoisonneur. Il était en contact journalier avec l'Empereur et était suffisamment pourvu d'un caractère dissolus et d'un passé criminel, pour occuper le profil parfait d'un assassin secrètement mandaté par Rothschild. L'arsenic, une substance sans couleur, sans odeur et à la totale absence de goût, a probablement été administré à Napoléon dans sa consommation quotidienne de vin en provenance du Cap de Bonne Espérance. (Cf. La mort du Baron Pyotr Wrangel (1878-1928), Commandant-en-Chef de l'Armé Blanche Russe du Sud, qui fut empoisonné sur ordre de Staline par le frère de son majordome qui résidait avec la famille Wrangel à Bruxelles, en Belgique).

ou maintiennent un système bancaire sans usure.[94]

DÉCRET IMPÉRIAL

Concernant les Juifs qui n'ont pas de nom de famille et de prénoms fixes.

À Bayonne, le 20 juillet 1808.

NAPOLÉON, Empereur des Français, Roi d'Italie, et Protecteur de la Confédération du Rhin ;

Sur le rapport de notre ministre de l'intérieur,

Notre Conseil d'État entendu,

Nous avons décrété et décrétons ce qui suit :

ARTICLE PREMIER.

Ceux des sujets de notre Empire qui suivent le culte hébraïque, et qui, jusqu'à présent, n'ont pas eu de nom de famille et de prénoms fixes, seront tenus d'en adopter dans les trois mois de la publication de notre présent décret, et d'en faire la déclaration par-devant l'officier de l'état civil de la commune où ils sont domiciliés.

Afin de faciliter l'assimilation des Juifs dans la société française, Napoléon émit un décret en 1808, ordonnant à tous les Juifs d'adopter des noms de famille et d'utiliser ces noms sur tous les documents. Dans une lettre à son

---

[94] La plupart des présidents américains qui ont été assassinés, étaient impliqués dans des réformes monétaires. Il s'agit des présidents Abraham Lincoln, James Garfield, William McKinley, Warren G. Harding et John F. Kennedy. Le président Richard M. Nixon avait fait montre d'un grand intérêt pour une réforme de la Réserve Fédérale lorsqu'il était en fonction, et cela pourrait avoir été un facteur ayant contribué à sa chute.

jeune frère Jérôme, écrite en 1808, Napoléon y déclare : « J'ai entrepris de réformer les Juifs, mais je n'ai pas l'intention d'en attirer davantage dans mon royaume… Il est nécessaire de réduire, si ce n'est de détruire, la tendance des Juifs à pratiquer un grand nombre d'activités nuisibles à la civilisation et à l'ordre public des sociétés du monde entier. Il est nécessaire d'arrêter le mal en le prévenant ; pour le devancer, il est indispensable de changer les Juifs… Une fois qu'une partie de leur jeunesse aura pris place au sein de notre armée, ils cesseront de nourrir des intérêts et des sentiments juifs ; leurs intérêts et leurs préoccupations seront français. »

LES ACCOMPLISSEMENTS DE LA BANQUE D'ÉTAT FRANÇAISE

Faisant partie intégrante du Code Napoléon (*Code civil des Français*), Napoléon promulgua un nouveau code commercial le 21 mars 1804. Ces réformes économiques qui comprenaient une réduction substantielle des impôts, permirent rapidement à l'économie française de reprendre de la vigueur et provoquèrent une augmentation des échanges et le développement de nouvelles industries, telles celles du coton et du sucre de betterave, tout cela soutenu et accompagné par des barrières douanières contre les marchandises étrangères et des crédits aux taux d'intérêts très bas. Les infrastructures furent améliorées à grand échelle, pas seulement en France, mais à travers toute l'Europe occidentale, avec la construction de 32,186 km de routes impériales et 19,312 km de routes régionales, presque 1,609 km de canaux, ponts, le dragage et l'agrandissement des ports tels que Cherbourg et Dunkerque, le raccord à l'eau potable, la floraison de bâtiments publics, tel que la galerie du Louvres – tout cela financé par de l'argent sans intérêt émis par la Banque de France.

Napoléon établit également un Conseil de l'Industrie, qui fournissait des données et des informations à l'industrie nationale, puis ce fut l'Université Impériale chargée d'administrer l'éducation des français, les écoles spécialisées ou *lycées* servant à l'étude de l'ingénierie, de la science et des techniques, les écoles professionnelles se vouant à la formation des sages-femmes, à l'enseignement de l'obstétrique et de la science vétérinaire.

Napoléon décrira plus tard ces réalisations à son docteur irlandais, Barry O'Meara, sur l'île de Sainte-Hélène et déclara qu'ils étaient les monuments qui resteraient après lui. « Les pouvoirs coalisés ne pourront jamais m'ôter le mérite des grands travaux publics que j'ai entrepris, ni des routes que j'ai faites tracer à travers les Alpes[95], ni des mers que j'ai unies. Ils ne peuvent poser leurs pieds nulle part sans tomber sur les traces que les miens ont laissées. Ils ne peuvent effacer le code de loi que j'ai formé et qui passera à la postérité. »[96]

Pour conclure, nous pouvons considérer certains des accomplissements que Napoléon énuméra à son ancien Chambellan et compagnon quotidien pendant 18 mois à Sainte-Hélène, le comte de Las Cases :[97]

---

[95] Le Col du Simplon. Une des principales raisons pour laquelle Napoléon fit construire ce col fut de faciliter le transport de son artillerie en Italie.
[96] I. Tarbell, *A Short Life of Napoléon*, S. S. Mcclure Limited, New York, 1895, Chap. VI Napoléon comme Chef d'État et Législateur – Finances – Industries – Travaux Publics. http://history-world.org/Napoléon7.htm
[97] Le comte Emmanuel Augustin Dieudonné Joseph Las Cases (1766-1842). Il consigna les souvenirs, les réflexions et les aspirations de Napoléon, qui furent plus tard publiées dans *Le Mémorial de Sainte-Hélène*.

« J'ai inspiré à la France et à l'Europe des idées nouvelles qui ne seront jamais oubliées… les finances de la France sont les meilleures du monde. À qui le doit-elle ? Si je n'avais pas été renversé, j'aurais accompli un changement complet dans le domaine du commerce et de l'industrie. Les efforts des français furent extraordinaires. La prospérité et le progrès étaient partout présents. De nouvelles idées émergeaient de toutes parts, elles étaient publiées et diffusées, car j'ai pris la peine d'introduire la science parmi le peuple… Si l'on m'en avait donné le temps, il n'y aurait bientôt plus eu aucun artisan en France ; ils seraient tous devenus des artistes. »[98]

---

[98] R. McNair Wilson, op. cit., p. 98-99. L'auteur a visité la maison où Pierre le Grand a vécu pendant une courte période à Zaandam, en Hollande en 1697. Napoléon avait également visité la maison le 13 octobre 1811 et signé de son nom avec panache sur un des murs intérieur : Napoléon Bonaparte Imperator.

CHAPITRE IV

UN SIÈCLE DE LUTTE (1815-1918) : ROTHSCHILD VS LES PEUPLES

Qui tient la balance du monde ?
Qui règne sur le congrès royaliste ou libéral ?
Qui éveille les patriotes sans chemise de l'Espagne ?
(Patriotes qui font tant jaser les gazettes de la vieille Europe.)
Qui verse sur les mondes anciens et nouveaux la peine ou le plaisir ? Qui rend la politique plus coulante ?
Qui peut résister à l'audace de Bonaparte ? –
Le juif Rothschild et son collègue le chrétien Baring.
— Lord Byron, *Don Juan*, *Chant Douzième*

LES BANQUES CENTRALES AUX ÉTATS-UNIS

Comme ce chapitre le démontrera, toutes les expériences des États-Unis avec les banques centrales furent désastreuses.

Pendant la période coloniale, les colonies américaines créaient leur propre papier monnaie. La première colonie à le faire fut le Massachusetts en 1691. La Pennsylvanie, l'état de New York, le Delaware et le Maryland les rejoignirent bientôt. Ils appelaient leur monnaie, l'effet colonial (colonial script) ou lettres de change. Ce système les avait libérés du contrôle des banques anglaises et leur permit de gérer leurs affaires financières dans un environnement exempt d'inflation et avec très peu de taxes. À travers toutes les colonies se développait une croissance économique et une grande prospérité en résulta, ce qui n'aurait pas été possible sous un système bancaire privé reposant sur l'usure.

En 1763, l'homme d'État américain, Benjamin Franklin (1706-1790) visita Londres, où il fut choqué en voyant les quartiers misérables et la pauvreté grandement répandue. Lorsque le parlement britannique demanda à Franklin d'expliquer l'origine de la prospérité des colonies américaines, il répondit ceci :

> « C'est très simple. Aux colonies nous émettons notre propre monnaie. Elle s'appelle l'effet colonial. Nous l'émettons en proportion des besoins du commerce et de l'industrie pour faciliter l'échange des producteurs aux consommateurs. De cette manière, créant nous-même notre propre monnaie, nous contrôlons son pouvoir d'achat, et nous n'avons pas d'intérêt à payer à quiconque. »

L'année suivante en 1794, la Banque d'Angleterre introduisit la Currency Bill[99] (Loi sur la monnaie) qui restreignit sévèrement le droit des colonies à émettre leur propre monnaie et interdit de fait son statut légal pour le paiement des dettes publiques et privées. À la place, la banque les força à émettre des bons du trésor portant intérêts et à les vendre à la Banque d'Angleterre afin d'obtenir en échange de la monnaie anglaise. Par la

---

[99] 4 Geo. IIIc. p. 34.

suite, seule la moitié de la monnaie fut remise. Cette loi eut pour conséquence de faire chuter l'économie des colonies et en un an, plus de la moitié de la population se retrouva au chômage et sombra dans la pauvreté. Le Stamp Act de 1765 (le Droit de timbre) voté par le parlement britannique fut la goutte d'eau qui fit déborder le vase, mais l'abolition de la monnaie coloniale fut la cause première de la révolution américaine.

Une des premières tâches confiées au Second Congrès continental, qui se réunit pour la première fois le 10 mai 1775, fut d'émettre sa propre monnaie, principalement pour financer les dépenses de guerre. Un total de $241,552,788 fut émis pendant toute l'existence de cette monnaie. La Banque d'Angleterre fut prompte à répondre. Des centaines d'ouvriers furent recrutés et bientôt des millions de dollars de billets contrefaits sortaient des presses et étaient expédiés à New York. Le dollar continental conserva son principal pouvoir d'achat au cours des deux premières années de son émission, mais une fois que les faux billets anglais commencèrent d'entrer en circulation, sa valeur s'effondra et en 1780 un dollar ne valait plus que 2,5 cents.

Quinze ans plus tard, en 1790, la Banque d'Angleterre monta une opération similaire, en employant 400 ouvriers au sein de 17 usines au centre et au sud de l'Angleterre, afin d'imprimer les *assignats*, qui fut la monnaie de la France révolutionnaire. Les *assignats* qui étaient indexés sur les domaines cléricaux, circulèrent avec succès à ses débuts, comme un moyen d'échange efficace et pratique. Une portion significatrice de la dette publique fut remboursée. Cependant, en 1792, l'infusion massive de billets contrefaits causa bientôt l'effondrement de la valeur des *assignats*, et s'ensuivit alors une brève période d'hyperinflation. Le 14 avril 1803, Napoléon Bonaparte inaugura le franc émis par le gouvernement qui eut cours légal en 1808.

La **First Bank of the United States** construite à Philadelphie en 1795. Le principal actionnaire de la banque était **Mayer Amschel Rothschild** (1744-1812)

Déjà en 1781, avant la conclusion de la guerre d'indépendance, le 11 avril 1783, Robert Morris (1734-1806), le Surintendant des Finances, promulgua une loi qui réduisait le nouvel état à la servitude, avec la création de la Banque d'Amérique du Nord. Cette banque débuta ses opérations le 4 janvier 1782. Elle attira d'importants dépôts d'or et d'argent en échange de lettre de change obtenue par des emprunts de la France et des Pays-Bas, ce qui lui permit par la suite d'émettre du papier monnaie sur la base de ses fortes réserves. Entre 1791 et 1796, l'inflation se monta à

72%. En 1795 l'État de Pennsylvanie se retira de sa juridiction en raison « d'une influence étrangère alarmante et d'un crédit factice. »[100]

Le 25 février 1791, la Banque d'Amérique du Nord fut succédée par une seconde banque centrale, qui fut présentée comme la First Bank (Première Banque) des États-Unis. Elle fut imposée par les intrigues d'Alexander Hamilton,[101] le Secrétaire au Trésor, dont les actes indiquent qu'il travaillait main dans la main avec les directeurs de la Banque d'Angleterre, car il façonna la banque d'après cette dernière. La nouvelle banque disposait d'un capital de $10 millions, sur lesquels 20% étaient détenus par le gouvernement américain et le reste partagé entre des investisseurs privés. La banque rencontra une forte opposition de la part des futurs présidents John Adams, James Madison et Thomas Jefferson (alors Secrétaire d'État), qui devait plus tard déclarer :

> « Cette Banque Centrale est une institution mortelle qui va à l'encontre de tous les principes et la forme de notre Constitution… Je pense que les institutions bancaires sont plus dangereuses pour nos libertés que des armées menaçantes. Elles ont déjà donné naissance à une aristocratie de l'argent qui défie le Gouvernement. Le pouvoir d'émission devrait être arraché aux banques et rendu au peuple

---

[100] T. H. Goddard, *History of Banking Institutions of Europe and the United States*, H. C. Sleight, 1831, p. 48-50.
[101] Hamilton naquit le 11 janvier 1755 ou 1757, d'une mère française Huguenot, Rachel Faucett Levine, sur l'île de Nevis aux Caraïbes, à l'ombre du Mont Sion. Il est probable qu'Hamilton n'ait pas été son vrai nom. L'auteur a visité l'île et le musée Hamilton.

à qui il appartient de plein droit. Si le peuple américain permet aux banques de contrôler l'émission de sa monnaie, d'abord par l'inflation puis par la déflation, les banques et les corporations qui fleuriront autour d'elles priveront le peuple de toute propriété, jusqu'à ce que leurs enfants se retrouvent sans abri sur le continent que ses pères ont conquis. »[102]

L'année suivante, la banque organisa le premier crash connu comme la « Panique de 1792 ». En inondant le marché de crédit facile, puis en demandant soudain le remboursement de la plupart, la banque précipita toute l'économie dans un marasme général. Cela déclencha une misère sociale et la bourse s'effondra.

À la fin de 1795, la banque avait prêté $6 million au gouvernement, soit 60% de son capital. Comme la banque était prétendument inquiète de la stabilité des finances gouvernementales, elle demanda un remboursement partiel de ses emprunts. Le gouvernement ne disposait pas des fonds nécessaires et fut donc forcé de vendre sa participation dans la banque entre les années 1796 et 1802. Au moyen de cette ruse, la banque passa entièrement sous contrôle privé, avec 75% des parts détenues par des étrangers.

En 1811, le mandat de la banque devait être renouvelé. La banque dissimulait ses profits, opérant de manière clandestine et était anticonstitutionnelle. Elle avait été principalement conçue pour servir les intérêts financiers du nord, au détriment du développement agricole du

---

[102] Lettre au Major John Cartwright, le 5 juin 1824.

sud, tandis que les Démocrates-Républicains (Jeffersoniens) voulaient l'abolir.

L'ancien président Thomas Jefferson, fut l'un de ceux qui « s'opposèrent violemment »[103] au renouvellement de la loi. Ce qui inquiétait particulièrement les législateurs, était le fait que la banque soit à présent à 100% entre les mains d'investisseurs étrangers. La presse décrivait la loi instituant cette banque centrale comme un « grosse escroquerie », un « vautour », une « vipère » et un « cobra ».[104] De surcroit, ils soutenaient que le Congrès jouissait du droit constitutionnel de réguler les poids et les mesures et d'émettre les pièces de monnaie.[105] La loi fut rejetée par une infime majorité de 65 votes contre 64, ce qui fut une performance, car il existe une forte probabilité que beaucoup de votes favorables aient été achetés. Finalement, le 3 mars 1811, la banque ferma ses portes.[106]

Lorsque l'actionnaire principal de la First Bank of the United States, Mayer Amschel Rothschild (de son vrai nom Bauer), apprit les profondes dissensions concernant le renouvellement de la charte de la banque, il enragea et déclara que : « soit la demande de renouvellement de la charte sera acceptée, ou les États-Unis se retrouveront impliqués dans une guerre des plus désastreuse. »[107] Il déclara également : « Je vais donner une leçon à ces américains insolents, et les

---

[103] R. E. Search, *Lincoln Money Martyred*, Omni Publications, Palmdale, Californie, 1989, (publié pour la première fois en 1935), p. 38.
[104] Ibid., p. 38-39.
[105] Constitution des États-Unis, Article I, Section 8, Clause 5.
[106] http://eh.net/encyclopedia/the-first-bank-of-the-united-states/
[107] www.armchairgeneral.com/forums/showthread.hp%3Ft%3DA109776

ramener au stade colonial. » Rothschild essaya d'influencer le Premier Ministre britannique Spencer Perceval afin qu'il déclare la guerre aux États-Unis afin de récupérer sa banque centrale privée.

En 1807, Perceval rejoignit le cabinet en tant que Chancelier de l'Échiquier. À cette époque, l'Angleterre était en guerre contre la France et une de ses activités principales, était de lever des fonds pour financer les hostilités. Au lieu d'augmenter les impôts, Perceval contracta de nombreux emprunts, initialement auprès de la Barings Bank et par la suite principalement auprès des Rothschild. Le secrétaire de Perceval était John Charles Herries qui avait été nommé à cette position cinq ans avant. Herries[108] était un intime de Nathan Rothschild et jusqu'à sa mort en 1858, il servit fidèlement la cause de Rothschild au sein des divers postes qu'il occupa au gouvernement britannique, en tant que Premier Lord au Trésor, Commissaire-Général de l'armée, puis Chancelier de l'Échiquier.

Pendant ce temps, les *agents provocateurs*[109] de Rothschild répandaient le mécontentement en Amérique du Nord. Afin de provoquer les Américains, les Britanniques commencèrent à interférer avec les échanges commerciaux de l'Amérique avec la France, qui avait elle-même imposée un blocus commercial contre l'Angleterre. Comme la Royal Navy était à cours de marins, ils se livrèrent à un enrôlement forcé des marins américains. Ils fournirent également des armes aux

---

[108] N. Ferguson, *The House of Rothschild, Money's Prophets 1798-1848*, Vol. 1, Penguin Books, Londres, 1999, p. 86.
[109] N.D.T. : en français dans le texte.

tribus indiennes, en particulier au chef des Chaouanons, Tecumseh, afin de ralentir et de restreindre l'expansion des pionniers vers l'ouest. Les Américains, de leur côté, montraient leur désir de s'emparer d'une partie du Canada.

Parallèlement, Perceval faisait face à une pression croissante de la part de Nathan Rothschild pour déclarer la guerre aux États-Unis. Il refusa. L'armée britannique était déjà embourbée dans une situation sans issue en Espagne et au Portugal (La Guerre d'indépendance espagnole 1808-1814), aux prises avec les forces de Napoléon, il n'avait donc aucune envie d'impliquer davantage de troupes et de moyens, tout cela financé par davantage d'emprunts bancaires à intérêts, rien que pour préserver les intérêts bancaires déclinants de Rothschild en Amérique.

John Bellingham, l'assassin de Spencer Perceval, naquit aux environs de 1769 à St Neots, dans le Huntingdonshire. De 1800 à 1802, il travailla à Archangelsk comme agent à l'import-export. Il retourna en Russie en 1804, et en novembre de cette année, il fut faussement accusé d'avoir manqué à une dette de 4,890 roubles, ce qui conduisit à son emprisonnement pour quatre ans. À sa libération, Bellingham s'installa dans Duke Street, à Liverpool. Il adressa sans succès des pétitions au gouvernement pour recevoir une compensation.

Cet homme amer et lésé, se retrouva en compagnie de deux marchands, Thomas Wilson, un américain, et

Elisha Peck,[110] un Juif américain, qui étaient tous deux favorables à l'abrogation du décret interdisant aux nations neutres de commercer avec la France. Ce décret avait été pris par Perceval en réponse au Blocus Continental de Napoléon que ce dernier avait institué en 1806, et interdisait les échanges commerciaux entre l'Angleterre et l'Irlande. Sa perpétuation devait être débattue au parlement lors de cette soirée fatale. Nous observons ainsi une convergence d'intérêts, un homme dérangé et plein de ressentiments, deux marchands avides et le marionnettiste Rothschild tirant les ficelles en coulisse.

Le 11 mai 1812 à 17h15, alors que Perceval entrait dans le hall de la Chambre des Communes, Bellingham s'avança et lui tira dans le cœur à bout portant. Perceval s'effondra murmurant : « Un meurtre… Oh mon Dieu ! »[111] Puis il mourut en quelques minutes. Quatre jours plus tard, Bellingham fut jugé à l'Old Bailey (Haute Cour criminelle). Le procès dura trois jours. Un plaidoyer pour folie fut rejeté. La brièveté du procès fut probablement due à la nécessité d'empêcher toute fâcheuse révélation. Comme de coutume avec ce type d'assassinat politique, la théorie de « l'assassin solitaire » doit être préservée à tout prix. Le 18 mai 1812 Bellingham fut pendu.

---

[110] http://guardian.com/books/2012/may/11/why-spencer-perceval-androlinklater-review.

[111] M. Gillen, *Assassination of the Prime Minister: the shocking death of Spencer Perceval*, Sidgwick & Jackson, Londres, 1972, p. 185.

Le meurtre du Premier Ministre britannique, **Spencer Perceval** par l'assassin de Rothschild, John Bellingham.

Quelques semaines après le meurtre de Perceval, le décret interdisant aux nations de commercer avec la France, fut révoqué.

À la Chambre des Représentants des États-Unis, Henry Clay, qui était franc-maçon, conduisit un groupe de jeunes Démocrates-Républicains connus sous le nom de « Faucons de Guerre ». Le vote de la déclaration de guerre fut décidé le 1er juin 1812 par 79 votes contre 49, avec les 39 fédéralistes refusant de soutenir la loi. Au Sénat, le vote fut de 19 contre 13 en sa faveur. Comme il n'y avait pas d'unanimité, les critiques faisaient souvent référence à cette opposition comme à la « Guerre de Mr Madison ».

En Angleterre, le successeur de Perceval, Lord Liverpool, était un supporter enthousiaste de la guerre. Cependant, aucun des belligérants ne parvint à atteindre ses objectifs, excepté Nathan Rothschild, qui réalisa son dessein de mettre en place la Seconde Banque des

États-Unis, le 10 avril 1816. Lorsque les hostilités cessèrent plus de deux ans après, le 24 août 1814, plus de 24,000 victimes étaient à déplorer. La guerre fut très coûteuse pour les États-Unis en termes financiers. Elle avait entrainé une énorme dette de guerre de $105 million, à mettre en perspective avec la population d'alors qui était d'à peine huit millions. Il en résultat une croissance de 182% de la dette nationale, passant de $45 millions en 1812, à $127 million en 1815. La paix fut signée à Ghent, en Belgique, le 24 décembre 1814.

La Seconde Banque des États-Unis disposait d'un capital élargi de $35 million. La banque établit immédiatement un grand nombre de succursales bancaires pour prêter de la monnaie fiduciaire à taux d'intérêts composés. En 1822, le président James Monroe nomma Nicholas Biddle, président de la banque.

Biddle avait au préalable établi le contact avec les Rothschild lors d'un visite gouvernementale à Paris en 1804, lorsqu'il était le secrétaire du délégué ministériel des États-Unis en France, John Armstrong. En tant que président de la banque, il servait d'homme lige à James de Rothschild, qui était le principal investisseur de la banque.[112]

---

[112] Patrick Carmack, Bill Still, *The Money Masters: How International Bankers Gained Control of America* (Vidéo, 1998), texte ici :
http://users.cyberone.com.au/myers/money-masters.html

Le « Président du Peuple », **Andrew Jackson**, qui survécut à une tentative d'assassinat avant de mettre son veto à une loi qui aurait autorisé le renouvèlement de la charte de la Seconde Banque des États-Unis possédée par Rothschild.

La récession économique artificiellement induite de 1819-1821, fut très profitable pour les banquiers car ils parvinrent à acheter des biens à prix cassé, c'est ce qui finit par convaincre le dirigeant des Démocrates,

Andrew Jackson, que la seule manière d'en finir avec ces abus, était de fermer la banque centrale. Lors de la campagne pour sa réélection en 1832, il déclara : « le monstre doit périr »[113] et son slogan principal était : « VOTEZ ANDREW JACKSON – PAS DE BANQUE ». Il déclara : « Si le Congrès a le droit de par la Constitution d'émettre le papier monnaie, il doit en user pour lui-même et non pas déléguer cette prérogative vitale à des individus ou des corporations. »[114] Il déclara également : « Si seulement le peuple américain comprenait le niveau d'injustice de notre système bancaire et monétaire, il y aurait une révolution avant demain matin. »

En dépit d'une tentative d'assassinat, le 30 janvier 1835, perpétrée par un agent de Rothschild, Richard Lawrence ; lorsque la charte de 20 ans de la Seconde Banque des États-Unis dut être renouvelée en 1836, Jackson mit la banque en faillite en retirant tous les dépôts du gouvernement. Il remboursa rapidement la dette nationale intégralement, laissant un surplus de $50 millions au Trésor. La banque centrale fut remplacée par un système de trésorerie indépendant basé sur du papier monnaie et des espèces recouvrables.

Au cours du mandat de John Tyler (1841-1845), deux tentatives furent faites par le Congrès, avec le soutien de l'ancien porte-parole de la Chambre des Représentants, Henry Clay, pour renouveler la charte de la Banque des États-Unis. Clay, qui était devenu Grand-

---

[113] R. V. Remini, *Andrew Jackson*, Twyne Publishers Inc., New York, 1966, p. 158.
[114] R. E. Search, op. cit., p. 43.

maître de la Loge du Kentucky,[115] était un autre agent réputé sous l'influence des Rothschild. Tyler opposa son veto à ces deux projets et se trouva par la suite inondé de centaines de lettres de menaces de mort.[116]

Pendant les 77 années suivantes, les États-Unis se développèrent sans nul besoin d'aucune banque centrale. Ses moyens d'échanges reposaient principalement sur les billets émis sans dette et sans intérêt par le Trésor, les dollars « greenback »[117], pour la première fois utilisés par le président Abraham Lincoln en 1862, de manière à financer ses dépenses militaires au cours de la Guerre de Sécession ; ainsi que sur les pièces d'or et d'argent.[118] (Jusqu'en 1873, l'or et l'argent pouvait être frappés gratuitement sous forme de pièces auprès de toutes les US mint – atelier monétaire.) Après avoir rejeté les offres des banquiers privés pour prêter de l'argent au gouvernement des États-Unis à des taux d'intérêts variant entre 24% et 36% par an,[119] Lincoln, sur les conseils de son ami le Colonel Dick Taylor[120], fit émettre $347 millions de monnaie, sans aucun autre

---

[115] Pour une étude de la Franc-maçonnerie, voir J. Robison : *Proof of a Conspiracy against all the Religions and Governments of Europe, carried on in the Secret Meetings of Freemasons, Illuminati, and Reading Societies, collected from Good Authorities*, Western Islands, Belmont, Massachusetts, 1967, (publié pour la première fois en 1798), p. 304.

[116] O. P. Chitwood, *John Tyler Champion of the Old South*, Russell & Russell, 1964, (publié pour la première fois en 1939), p. 249-251.

[117] Le gouvernement Confédéré émettait sa propre monnaie sans dette et sans intérêt, appelée « graybacks ». Ils eurent cependant moins de succès, car une grande quantité de monnaie contrefaite fut produite par le gouvernement de l'Union.

[118] R. E. Search *op. cit., p. 67.*

[119] *Appleton Cyclopedia*, 1861, p. 286.

[120] Dans une lettre écrite le 16 décembre 1864, Lincoln remercia le Colonel Taylor pour son idée merveilleuse. Voir l'appendice.

coût pour le peuple américain que le prix de l'impression et de la distribution. La défiance de Lincoln à l'égard de Lionel Rothschild et de son oncle James, provoqua son assassinat la nuit du 15 avril 1865 par John Wilkes Booth[121] (de son vrai nom Botha) à la demande de l'agent local de Rothschild, se nommant Rothberg.

La Guerre de Sécession américaine (1861-1865) laissa le gouvernement US avec une dette se montant à $5 milliards. À cause de l'inflation, ces bons ne valaient plus que $2,5 milliards. Une grande quantité de ces bons fut achetée par l'agent de Rothschild, Auguste Belmont[122], dans l'espoir de les réaliser pour leur valeur faciale en or. Au cours de l'élection présidentielle de 1868, le candidat du Parti Démocrate, George H. Pendleton, s'engagea uniquement sur un paiement en papier monnaie. Il fut bientôt remplacé par Horatio Seymour à l'initiative de Belmont, qui avait pris la direction du Comité National Démocratique en 1860. Seymour promit un paiement en espèces. Cependant, lorsque la Convention passa une résolution en faveur du papier, Belmont fut forcé de changer de bord et de soutenir par la suite le candidat Républicain, le général Ulysse S. Grant, et de faire usage de ses parts dans le *New York World* pour dénigrer et miner les chances d'élection de Seymour. Grant remporta la présidence et en débutant son mandat en 1869, il introduisit

---

[121] R. E. Search, op. cit., p.114-131. Booth était connu pour parler la « langue hébraïque » et pour assister fréquemment aux offices de la synagogue.
[122] Né Schönberg à Alzey, en Allemagne. Voir aussi N. Ferguson, *The House of Rothschild, Money's Prophets 1798-1848*, Vol. 1, Penguin Books, Londres, 1999, p. 370-375.

promptement le Public Credit Act, qui organisa le remboursement de la valeur faciale des $5 milliards de bons du trésor en or. Cela permit à Rothschild et à ses associés de réaliser un profit de 100%.

L'étalon-argent fut aboli et remplacé par le standard or au moyen de la loi du Coinage Act de 1873. Le 17 janvier 1873, cette loi fut votée par le Sénat. D'après le témoignage sous serment de M. Frederick A. Luckenbach, en date du 9 mai 1892, il avait appris auprès de M. Ernest Seyd à Londres, que la démonétisation de l'argent métal américain avait été expressément ordonnée par les Gouverneurs de la Banque d'Angleterre, qui avaient de surcroit déboursé £100,000 ($500,000) pour soudoyer un nombre suffisant de membres du Congrès américain s'occupant de questions financières.[123] Cet acte infâme est connu sous le nom de « Crime de 1873 ».

L'abandon forcé de la monnaie-argent du peuple fut également organisé au sein de l'Empire Allemand, lorsque le gouvernement cessa de manière inexplicable de frapper les pièces argent du *thaler* en 1871. Il ne fait

---

[123] Ibid., p. 66-68. Cet évènement fut plus tard décrit dans un roman de W. H. Harvey, Coin Publishing Company, 1894. « Le cœur de la conspiration réside dans le fait que les banquiers de Londres, qui étaient Juifs, avaient résolu de détruire les États-Unis par la manipulation monétaire. Dans *A Tale of Two Nations*, l'histoire est présentée sous forme d'un mélodrame dans lequel l'araignée au centre est B. Rothe, un nom dont le sens n'a pas été perdu par une génération qui avait entendu de nombreuses choses au sujet des méfaits des Rothschild. Pour son profit personnel, Rothe décide que pour empêcher l'Amérique de devenir financièrement forte, il doit provoquer la démonétisation de l'argent métal. » R. Gollam, *The Commonwealth Bank of Australia: Origins and Early History*, Australian National University Press, Canberra, 1968, p. 45-46.

aucun doute qu'il s'agissait d'un plan synchronisé coordonné par les Rothschild, afin de consolider davantage l'étalon-or.[124]

L'étalon-or fit des ravages sur l'économie américaine et permis aux banquiers privés de refuser des prêts et de restreindre la masse monétaire à volonté. Il s'ensuivit une série de paniques et de ruées anormales sur les banques, en 1873, en 1884, en 1890-91, en 1893-94, en 1897, puis en 1903 et 1907.[125] Ces paniques bancaires artificiellement générées rendirent le président James Abram Garfield si furieux, que peu de temps après avoir pris ses fonctions, le 4 mars 1881, il fit une déclaration au milieu du mois de juin de la même année, expliquant qu'il avait l'intention de régler le problème :

> « Celui qui contrôle la masse monétaire d'un pays est le maître absolu de toute l'industrie et du commerce... Et lorsque vous réalisez que le système entier est très facilement contrôlé, d'une manière ou d'une autre, par une minorité d'hommes puissants au sommet, nul n'est besoin de vous dire d'où proviennent les périodes

---

[124] Voir : *Official Proceedings of the Democratic National Convention*, tenus à Chicago, Illinois, les 7, 8, 9, 10 et 11 juillet 1896, (Logansport, Indiana, 1896), p. 226-234 où l'ancien membre du Congrès William Jennings Bryan donna son célèbre discours de la *Croix d'or* : « ... Nous répondrons à leur demande d'un étalon-or en leur disant, vous ne pouvez pas enfoncer sur le front du monde du travail cette couronne d'épines. Vous ne devez pas crucifier l'humanité sur une croix d'or. »
[125] C. A. Lindbergh, *The Economic Pinch (Lindbergh on the Federal Reserve)*, The Noontide Press, Costa Mesa, Californie, 1989, (première publication en 1923), p. 93-94.

d'inflation et de dépression. »[126]

Le président **James Abram Garfield** (à droite) abattu par un « assassin solitaire », Charles J. Guiteau à la Gare Centrale de Washington, le 2 juillet 1881. Au centre se trouve le Secrétaire d'État, James Blaine.

Deux semaines plus tard, Garfield fut abattu par un « assassin solitaire », Charles J. Guiteau, justifiant plus tard son geste par un grief au sujet d'une promotion à un poste diplomatique. Garfield ne mourut pas immédiatement, mais suite aux soins médicaux inappropriés qui lui furent administrés, en toute probabilité délibérément ; il agonisa jusqu'à sa mort le 19 septembre 1881. Lors de son procès, la main cachée de Rothschild fut révélée lorsque Guiteau s'exclama que « des hommes importants en Europe lui avait confié cette tâche et avaient promis de le protéger si jamais il

---

[126] E. H. Brown, *The Web of Debt, The Shocking Truth About Our Money System and How We Can Break Free*, Third Millenium Press, Baton Rouge, Louisiane, 2008, p. 96.

se faisait prendre. »[127]

La panique de 1907 eut les pires effets. Dès le début de 1907, Jacob Schiff, le PDG de la Kuhn, Loeb & Co. prévint : « à moins que nous n'ayons une Banque Centrale exerçant un contrôle adéquat du crédit, ce pays va connaitre la panique monétaire la plus sévère que l'histoire ait jamais vue. »[128] En octobre de la même année, J. P. Morgan, un autre homme de paille de Rothschild, provoqua la panique en faisant circuler la rumeur que sa rivale, la Knickerbocker Bank and Trust Co. était insolvable. Lors du crash qui s'ensuivit, les actions perdirent 50% de leur valeur à la bourse de New York. Les conséquences de cette panique délibérée furent une chute de 11% de la production industrielle l'année suivante, une augmentation de 26% des importations et l'explosion du taux de chômage, ce dernier passant de 3% à 8%. Ce furent ces phases continuelles d'essor et de récession, d'inflation et de déflation, qui fournirent la motivation et le prétexte pour l'établissement d'une banque centrale, qui devait prétendument résoudre tous ces problèmes une fois pour toutes.

---

[127] http://en.wikipedia.org/wiki/James_A._Garfield
[128] Discours donné à la Chambre de Commerce de New York.

L'ÉTABLISSEMENT DE LA BANQUE DE RÉSERVE FÉDÉRALE DES ÉTATS-UNIS

Afin de tromper le public, deux « alternatives » furent présentées. L'une était défendue par la Commission Monétaire Nationale sous la direction du Sénateur Nelson Aldrich (le grand-père de Nelson Aldrich Rockefeller), connue sous le nom du Plan Aldrich. L'autre solution adoptée par le Comité Spécial Monétaire de la Chambre de Commerce de New York, se trouvait sous la direction de Paul Warburg, un banquier Juif-allemand, qui agissait au nom des intérêts de Rothschild, en la personne du Baron Alfred Rothschild. Il était connu comme le Plan de Wall Street. À part en ce qui concernait la distribution des réserves, les deux plans étaient en tous points identiques et n'avaient d'autre but que l'établissement d'une banque centrale de réserve.

Le 22 novembre 1910, les banquiers conspirateurs y compris parmi d'autres : A. Piatt, secrétaire-adjoint au Trésor, Frank Vanderlip, président de la National City Bank de New York, Henry P. Davidson, associé principal de JP Morgan and Co., Charles D. Norton, président de la First National Bank of New York, Benjamin Strong, vice-président du Bankers Trust of New York et Paul Moritz Warburg, associé de la Kuhn, Loeb & Co., quittèrent furtivement New York dans la voiture-wagon Pullman d'Aldrich (tous stores baissés), depuis Hoboken, la station de train du New Jersey, en direction de l'île Jekyll, en Géorgie.[129] Le destin du

---

[129] H. S. Kenan, *The Federal Reserve Bank*, The Noontide Press, Los

peuple américain serait déterminé durant les dix prochains jours au très select Club de Chasse de l'île Jekyll, propriété de JP Morgan, par ce groupe de financiers aux desseins criminels, se faisant appeler le Club des Prénoms. En effet, seuls les prénoms étaient utilisés, de manière à ne pas révéler leur identité aux employés.[130]

À la Chambre des Représentants, l'américano-suédois **Charles Auguste Lindbergh** attaqua la loi bancaire et monétaire, la qualifiant de « plus grand crime législatif de tous les temps. »

Angeles, 1968, p. 92-99.
[130] Ibid., p. 104.

La loi pour l'établissement de la Banque de Réserve Fédérale des États-Unis fut véhément combattue par le membre du Congrès, Charles Auguste Lindbergh, qui déclara :

> « Cette loi établit le plus gigantesque monopole de la terre, un de ceux que la loi Anti-Trust de Sherman dissoudrait si le Congrès n'avait pas expressément créé par cette loi, ce que cette législation interdisait. Lorsque le président aura signé cette loi, le gouvernement invisible du pouvoir monétaire, dont l'existence a été prouvée par l'enquête Pujo, sera légalisé. Le plus grand crime du Congrès réside dans son système monétaire. Cette nouvelle loi bancaire et monétaire est le plus grand crime législatif de tous les temps. »[131]

La loi engendra également une forte contestation au sein du Sénat, par l'intermédiaire du Sénateur Robert M. La Follette, un de ses « plus farouches opposants ».[132] Elle n'en fut pas moins votée le 23 décembre 1913, après que les membres du Sénat se soient vus menacés par le bien peu recommandable président Woodrow Wilson, « aussi dénué d'éthique et de principe que de moralité »,[133] de maintenir la session jusqu'à ce que la loi ait été votée en leur refusant leur congé de Noël. Seul une minorité de 43 sénateurs votèrent en faveur de la

---

[131] *The Senate*, Vol. 51, novembre 1912.
[132] E. M. Josephson, *The « Federal » Reserve Conspiracy & Rockefellers*, Chedney Press, New York, 1968, p. 52.
[133] Ibid., p. 43. Le président Wilson fut victime d'un chantage Juif. Voir M. C. Piper, *The Making of Woodrow Wilson – An American Hero ? The Barnes Review*, Washington D.C., Vol. VI, No. 2, mars/avril 2000, p. 6-12.

loi, 25 votants contre, 27 s'abstenant et 5 membres étant absents. Les promoteurs de cette loi promirent que le dollar des États-Unis deviendrait une monnaie stable et que les cycles de récession appartiendraient au passé.

À ce propos, depuis la création de la Banque de Réserve Fédérale des États-Unis en 1914, le dollar US a perdu 97% de son pouvoir d'achat et le pays a connu 19 récessions, la grande dépression des années 30, et l'actuelle grande crise qui a débutée en 2008, qui malgré la propagande répandue par les médias officiels, présente tous les symptômes d'une dépression. Depuis 1910, la dette nationale est passée de $2,65 milliards à $17,5 trilliards en 2014, tandis que les engagements non provisionnés dépassent les $240 trilliards.[134]

Au lieu de fonctionner comme le banquier des banquiers du peuple, la Banque de Réserve Fédérale des États-Unis a mené ses opérations comme une banque privée pour l'entier bénéfice des banquiers privés. Le fait qu'en 100 ans d'existence ses comptes n'aient jamais fait l'objet d'un audit public, n'est pas surprenant.[135]

La liste suivante dévoile les principaux actionnaires de la

---

[134] http://www.thecommonsenseshow.com/2014/08/05/the-statistics-do-not-liewelfare-is-the-best-paying-entry-level-job-in-35-states/

[135] Le 25 juillet 2012, une proposition d'audit public fut déposée par le membre du Congrès Ron Paul (Républicain du Texas), et approuvée à 327 voix contre 98. Comme il le fit remarquer à ce moment : « Je pense que le fait qu'ils [la Réserve Fédérale] puissent gérer des trilliard de dollar et savent que personne n'est autorisé à leur poser la moindre question, constitue un aléa moral. Cette proposition vise à ôter cet aléa. » *USA Today*, à la rubrique politique.

banque :[136]

> Les Banques Rothschild de Londres et de Paris
> La Banque des Frères Lazard de Paris
> La Banque Israël Moïse Sieff d'Italie
> Les Banques Warburg d'Hambourg et d'Amsterdam
> La banque Shearson American Express
> La banque Goldman Sachs de New York
> La banque JP Morgan Chase[137]

---

[136] La Maison Rothschild est actuellement l'actionnaire majoritaire, détenant 58% des parts. Voir E. Mullins, *Les Secrets de la Réserve Fédérale*, Retour aux sources.

[137] Le 20 juin 1992, JP Morgan fit l'acquisition du Manufacturers Hanover Trust et de ses actions de la Réserve Fédérale.

Le Sénateur **Robert Marion** « Fighting Bob » **La Folette**, qui fit tout ce qui était en son pouvoir pour éviter le passage de la Loi Bancaire et Monétaire et son esclavage programmé du peuple américain.

LA BANQUE D'ÉTAT DE L'EMPIRE RUSSE

La **Banque d'État** de l'Empire Russe au 12 Nelinnaya, Moscou. Ce même bâtiment abrite aujourd'hui la Banque Centrale de la Fédération de Russie.

Pendant ce temps, de l'autre côté de l'Atlantique, un système financier différent, à savoir la Banque d'État, avait été adopté. De septembre 1814 à juin 1815, se tenait le Congrès de Vienne, afin de régler les questions soulevées par les Guerres Révolutionnaires françaises, les Guerres Napoléoniennes et la dissolution du Saint-Empire Romain Germanique. En coulisse, Nathan Mayer Rothschild proposa la formation d'un nouvel ordre mondial concentré autour de ses banques centrales. Toutes les plus importantes puissances, à l'exception de la Russie, étaient endettées auprès des banques Rothschild. Le Tsar Alexandre Ier (1801-1825) refusa de se plier au plan diabolique des Rothschild et le fit capoter. À la place, il mit en place la Sainte Alliance entre l'Autriche, la Prusse et la Russie, qui fut signée le 26 septembre 1815, par l'Empereur François Ier d'Autriche, le Roi Frédéric-Guillaume III de Prusse et le Tsar Alexandre. Il rejeta également l'offre d'établissement d'une banque en centrale en Russie, que lui présenta Rothschild. L'histoire ne dit pas s'il n'avait pas confiance en ce banquier de l'ombre, ou s'il était simplement conscient des périls du système de banque centrale, mais il déclina sagement cette sollicitation. Cependant, ce comportement prudent provoqua la vindicative et implacable colère des Rothschild, qui d'après le Major-Général comte Cherep-Spiridovich[138], provoquèrent l'assassinat des cinq derniers Tsars et exercèrent 102 ans plus tard leur vengeance Talmudique d'une manière spectaculaire.

Le 12 juin 1860 la Banque d'État de l'Empire Russe,[139] fut fondée dans le but de stimuler les revenus commerciaux et de renforcer le système monétaire. Jusqu'en 1894, elle n'était qu'une institution auxiliaire sous le contrôle direct du Ministère des Finances. Cette année-là, elle fut transformée en banquier des banquiers et devint l'instrument de la politique économique du gouvernement. Elle frappait et imprimait les pièces de monnaie et les billets de la nation, régulait la masse monétaire et à travers le réseau des banques commerciales fournissait à l'industrie et au commerce des crédits à faible taux d'intérêt. Ses vastes réserves d'or, les plus importantes au monde, dépassaient la

---

[138] Maj.-Gen. Comte A. Cherep-Spiridovich, *The Secret World Government or « The Hidden Hand »*, The Anti-Bolshevist Publishing Association, New York, 1926, p. 41. Aucun de ces Tsar n'atteignit l'âge mur. Leur durée de vie moyenne fut de 53 ans. Voir aussi S. Goodson, Le meurtre des Tsars : la connexion Rothschild, *The Barnes Review*, Washington D.C., Vol. XX, No. 5, Septembre/Octobre 2014, p. 38-40.

[139] A. Del Mar, *Money and Civilization : Or a History of the Monetary Laws and Systems of Various States Since the Dark Ages, and their Influence upon Civilization*, Omnia Publications, Hawthorne, Californie, 1975 (publié pour la première fois en 1886), p. 313.

valeur en billets de banque émis de plus de 100%, excepté pour l'année 1906. En 1914, elle était devenue une des institutions de crédit les plus influentes d'Europe.[140] Comme on peut s'y attendre, la Russie détenait la dette nationale la plus réduite du monde. Le tableau suivant reflète le montant en roubles de la dette par habitant de chaque pays.

France	Grande-Bretagne	Allemagne	Russie
288.0	169.8	135.6	58.7

En 1914, 83% des intérêts et l'amortissement de la dette nationale, dont moins de 2% était détenue par l'étranger, furent financés par les profits des chemins de fer publics russes. En 1916, la longueur totale des lignes principales était de 100,817 verste ou kilomètres. Le tonnage commercial russe s'élevait à 11,130,000 en 1910, surpassant le tonnage marchand britannique qui était lui de 10,750,000.

En 1861, le Tsar Alexandre II (1855-1881)[141] abolit le servage, qui à cette époque concernait 30% de la population. En 1914, très peu de terre restaient entre les mains des propriétaires terriens russes, qui étaient principalement issus de la noblesse. 80% des terres arables étaient aux mains des paysans, auxquels elles avaient été cédées pour une somme très modique. Ces terres étaient détenues par la commune du village, le

---

[140] La Banque d'État de l'Empire Russe, La Banque Centrale de la Fédération de Russie, 12, rue Neglinnaya, Moscou 107016.
[141] Le 13 mars 1881, le Tsar Alexandre II fut assassiné à St Petersbourg par des membres d'une organisation terroriste juive, *Narodnaya Volya* (La Volonté du Peuple).

mir. Cependant, après la loi promulguée par Stolypine[142] en 1906, les paysans pouvaient obtenir des titres de propriété avec les droits héréditaires afférents. En 1913, deux millions de familles profitèrent de cette opportunité pour acquérir ce qui devient connu sous le terme de « Fermes de Stolypine ». Près de 7,689,027 hectares furent allouées à ces paysans propriétaires par le comité des terres.[143] La Banque d'État des Paysans, qui en son temps décrite comme « l'institution d'acquisition des terres la plus socialement bénéfique au monde »,[144] accordait des emprunts à des taux d'intérêts réduits, qui n'étaient en fait rien d'autre que des frais de gestion. Entre 1901 et 1912, ces emprunts passèrent de 222 millions de roubles à 1,168 milliard de roubles. La production agricole monta en flèche, à tel point qu'en 1913, la Russie était devenue le grenier du monde comme le révèle le tableau suivant.

	Production Mondiale	Production Russe	%
Orge	1,771.4	750.04	42.3
Avoine	3,324.6	1,087.00	30.3
Seigle	2,378.0	1,593.00	67.0
Blé	4,971.4	1,554.80	31.2

La production russe de céréales dépassa de 25% les récoltes combinées de l'Argentine, du Canada et des

---

[142] Piotr Arkadyevich Stolypine (1862-1911) fut le Premier Ministre de la Russie de 1906 à 1911. Le 18 septembre 1911, il fut assassiné par un terroriste juif, Dmitri Bogrov (nom véritable : Mordechai Gershkovich).
[143] G. Buchanan, *My Mission to Russia and Other Diplomatic Memories*, Cassell and Company Limited, Londres, 1923, p. 161.
[144] G. Knupffer, *The Struggle for World Power, Revolution and Counter-Revolution*, The Plain-Speaker Publishing Company, Londres, 1971, p. 230.

États-Unis. En 1913, la Russie disposait de 37,5 millions de chevaux – plus de la moitié de la population mondiale des équidés. Elle produisait également 80% du lin mondial et fournissait plus de 50% des importations d'œufs mondiales. L'exploitation minière et la production industrielle dégageaient aussi des marges énormes. Entre 1885 et 1913 la production de charbon augmenta, passant de 259,6 millions de pouds[145] à 2,159 millions de pouds, la production de fonte passa de 25 millions de pouds en 1890 à 1,378 million de pouds en 1913 et la production de pétrole crut de 491,2 millions de pouds en 1906 à 602,1 million de pouds en 1916. De 1870 à 1914, en Grande-Bretagne, la production industrielle annuelle connue une croissance de 1%, contre 2,75% aux États-Unis et 3,5% en Russie. Au cours de la période 1890 à 1913, l'activité industrielle quadrupla et la production russe parvint à satisfaire 80% de la demande intérieure pour les biens manufacturés – un parfait exemple d'autarcie économique. Tout au long des dernières 20 années de règne impérial pacifique (1895-1914) le Produit Intérieur Brut connu une croissance moyenne de 10% par an.

Avec la Banque d'État russe créant la monnaie du peuple à partir de rien à presque 0% d'intérêt ; à la différence du reste du monde où les banques centrales privées parasites créent la monnaie de leur nations respectives en facturant des intérêts usuraires ruineux, il n'est pas surprenant que la Russie de 1912 ait été la nation disposant du taux d'imposition le plus bas du monde. Ces très faibles taxes attestent également du

---

[145] 1 poud = 16,38 kg

niveau d'efficacité du gouvernement russe de l'époque. De plus, tout au long de cette période de système bancaire étatique, il n'y eut aucune inflation et pas de chômage.

Impôts directs en roubles par habitant

	Impôts de l'État %	Impôts locaux %	Total %
Grande-Bretagne	10.01	16.74	26.75
Allemagne	5.45	7.52	12.97
France	6.44	5.91	12.35
Autriche	5.12	5.07	10.19
Russie	1.28	1.38	2.66

Impôts indirect en roubles par habitant

	Impôts de l'État %	Impôts locaux %	Total %
Grande-Bretagne	13.86	-	13.86
Allemagne	9.31	0.33	9.64
France	13.11	2.89	16.00
Autriche	9.9	1.38	11.28
Russie	5.95	0.03	5.98

Entre 1897 et 1913, les recettes de l'État passèrent de 1,400 million de roubles or[146] à 3,471 millions de roubles or. En 1914, l'excédent budgétaire s'élevait à 512 millions de roubles or et cela sans aucune augmentation des impôts. Tout au long de la même période, la balance du commerce extérieur était excédentaire. Nous pouvons mesurer la santé financière de l'économie russe en observant le tableau comparatif des réserves d'or ci-dessous.

Réserves d'or

	Or	Billets de banque
Banque d'État de l'Empire Russe	1,550	1,494
Banque de France (banque centrale)	1,193	2,196
Reichsbank (banque centrale)	411	930
Banque d'Angleterre (banque centrale)	331	263

Une étude indépendante de légistes britanniques conclura que le Code des lois et le système judiciaire russe étaient « les plus avancés et impartiaux au monde. »[147]

---

[146] 1 rouble = deux shillings or ; 9,4 roubles = £1.
[147] G. Knupffer, op. cit., p. 139-140.

Sa Majesté Impériale, le Tsar **Nicolas II**. Sa Banque d'État de l'Empire Russe conféra à son peuple une abondance sans précédent dans l'histoire de l'humanité.

L'enseignement primaire était obligatoire et gratuit jusqu'au niveau universitaire, où seuls les frais d'inscription étaient facturés. Entre 1906 et 1914,

10,000 écoles par an furent ouvertes. Les universités russes étaient réputées dans le monde entier pour leurs standards académiques élevés.

Les russes furent des pionniers en matière de droit du travail. Le travail des enfants fut aboli plus de 100 ans avant qu'il ne le soit en Grande-Bretagne en 1867. La Russie fut le premier pays industrialisé à passer des lois limitant les heures de travail dans les usines et les mines. Les grèves qui furent interdites en Union Soviétique, étaient autorisées mais peu courantes du temps du Tsar. Les droits syndicaux furent reconnus en 1906, tandis qu'une inspection du travail contrôlait strictement les conditions de travail au sein des usines. En 1912, une couverture sociale fut introduite. La législation du travail étaient si avancée et humaine que le président des États-Unis, William Taft, déclara : « l'Empereur de Russie a promulgué une législation des travailleurs plus proche de la perfection que celle de n'importe quel pays démocratique. »[148]

Les peuples de races différentes vivant au sein de l'Empire Russe jouissaient d'une égalité de statut et d'opportunité sans équivalent dans le monde moderne. Sa Majesté Impériale, le Tsar Nicolas II (1894-1917) et sa banque d'état ont créé un paradis des travailleurs sans équivalent dans l'histoire de l'humanité.

Le 7 novembre 1917, les Rothschild, craignant qu'une reproduction de cet extraordinaire modèle de liberté et de prospérité mette en péril leur empire bancaire maléfique, provoquèrent et financèrent une révolution

---

[148] Ibid., p. 142.

Judéo-Bolchévique en Russie,[149] qui ravagea et ruina un pays merveilleux et provoqua la mort par le meurtre et la famine, de – selon Alexandre Soljenitsyne – 66 millions de personnes innocentes.[150]

---

[149] Winston Churchil, *Le Sionisme vs le Bolchévisme, Une lutte pour l'âme du peuple Juif*, Sunday Illustrated Herald, 8 février 1920. Churchill définissait la révolution comme : « une conspiration mondiale pour le renversement de la civilisation et pour la reconstitution de la société sur la base d'un développement arrêté, d'une envie malveillante et d'une impossible égalité, […] qui n'a cessé de croitre… Elle a été le pivot de tous les mouvements subversifs au cours du Dix-neuvième siècle ; et à présent, cette bande d'extraordinaires personnalités des bas-fonds des grandes villes d'Europe et d'Amérique ont agrippé le peuple russe par les cheveux et sont devenus pratiquement les maîtres incontestés de cet énorme empire. »

[150] D'après l'historien suisse Jürgen Graf, Soljenitsyne a utilisé un statisticien qui a évalué le nombre de morts à 66 million. Dans *The American Hebrew Magazine* du 10 septembre 1920, il fut déclaré : « La Révolution Bolchévique en Russie fut l'œuvre de la planification juive et du mécontentement juif. Notre plan est d'établir un Nouvel Ordre Mondial. Ce qui a si merveilleusement fonctionné en Russie, deviendra une réalité pour le monde entier. »

COMMENT LES ROTHSCHILD ONT CRÉÉ L'UNION SOVIÉTIQUE ET PRIS SON CONTRÔLE

Dans son ouvrage *Wall Street et la Révolution Bolchévique*[151], l'auteur et professeur Antony Sutton, à l'aide de documents issus du Département d'État et des archives de banquiers internationaux américains, détaille « l'alliance enthousiaste entre Wall Street et le Socialisme Marxiste »[152] Sans le soutien financier vital de la J.P. Morgan Guaranty Trust Company, de la Chase National Bank de John D. Rockefeller, de la Kuhn Loeb and Company de Jacob Schiff et la Nya Banken[153] suédoise d'Olof Aschberg, la révolution Judéo-Bolchévique n'aurait pu aboutir.

Le rôle de Maxim Litvinov (1876-1951) est particulièrement intéressant en ce qui concerne le financement de la révolution. Né Meyer-Genokh Mojsjewicz Wallach-Finkelstein, il fut un « révolutionnaire » qui participa à la destruction de la Russie Impériale pour la livrer aux banquiers internationaux.

Litvinov débuta sa carrière de révolutionnaire en 1898. En 1901, il fut arrêté et passa 18 mois en prison avant de s'évader. En 1903, il lui fut confié des fonds destinés au financement et à la distribution du journal du Parti Socialiste Démocratique Russe, *l'Iskra*[154], qui était

---

[151] A. C. Sutton, *Wall Street and the Bolshevik Revolution*, Arlington House Publishers, New Rochelle, New York, 1981.
[152] Ibid., 16.
[153] En 1918, la banque fut renommée la Svensk Ekonomiebolaget.
[154] Le terme russe pour étincelle.

imprimé depuis Londres. En 1905, Litvinov reçut d'autres fonds en provenance « d'amis étrangers »[155], ce qui lui permit de faire l'acquisition d'armes – en provenance là encore de Londres. Par la suite, Litvinov, également connu sous le surnom de *Papasha* ou Papi[156], devint le point de convergence de tous les financements étrangers et fut nommé trésorier du parti – une décision que Lénine ne pouvait contrecarrer, parce que Litvinov était un représentant des Rothschild, dont le pouvoir excédait celui de Lénine. Ce dernier fut simplement informé de la décision. Quelques mois plus tard, lors d'une réunion à Genève, Litvinov fut élu Secrétaire des Transports Étrangers. Lénine fut à nouveau informé de cette décision. Litvinov ne fut jamais un véritable révolutionnaire, mais il utilisa plutôt le Bolchévisme comme un prétexte pour faire progresser les objectifs de ses maitres.

De 1908 à 1918, Litvinov résida à Londres, grâce à l'assistance de ses « amis Anglais ».[157] Au cours de cette période, il occupa diverses fonctions. Travaillant pour l'éditeur Williams and Norgate, puis pour une agence de tourisme et un magasin de machines agricoles. Ces occupations lui fournissaient une couverture idéale pour ses activités clandestines. En 1914, lors du déclenchement de la Première Guerre mondiale, le gouvernement russe demanda à tous ses citoyens de retourner en Russie afin d'intégrer l'armée. Cependant, les autorités britanniques permirent à Litvinov de rester.

---

[155] N.Starikov, *Rouble Nationalization The Way to Russia's Freedom*, St Petersburg, Piter, 2013, 189.
[156] Ibid., 190.
[157] Ibid., 188.

En 1916, Litvinov épousa la fille issue d'une des familles juive les plus distinguée : Ivy Low.

Le 3 janvier 1918, Litvinov fut nommé représentant agréé de la Russie Soviétique. Une de ses toutes premières tâches fut de demander à ce que l'argent détenu à la Banque d'Angleterre appartenant à l'ambassade tsariste, lui soit remis. La banque s'exécuta.

En septembre 1918, une conspiration contre les Bolchéviques impliquant l'ambassadeur Robert Bruce Lockhart fut révélée. Lockhart et Litvinov furent tous deux arrêtés par leur gouvernement respectif, et à la faveur d'un échange, Litvinov retourna à Moscou. Sa nouvelle mission consistait à « sécuriser l'écoulement rapide de d'or et de bijoux précieux en provenance de Russie »[158] via la Scandinavie, sous couvert d'un programme d'achat de moteur à vapeur, plus tard connu sous le nom de « moteurs en or ». Un quart des réserves d'or de la Russie furent transférées en Suède avant d'être réexpédiées. C'était à présent le moment de rétribution pour les Rothschild.

Le 21 avril 1921, Litvinov fut nommé membre du Conseil des Commissaires du Peuple pour les transactions de devises et la vente d'or à l'étranger. « Plusieurs centaine de millions de [roubles] de notre or passèrent entre mes mains avant d'être vendu à l'étranger. Je vendais la majorité de cet or à travers divers intermédiaires, à de grandes compagnies françaises qui le refondirent soit en France ou en Suisse, puis cet or atteignit sa destination finale dans les coffres

---

[158] Ibid., 194.

de la Réserve Fédérale américaine[159] – une banque privée propriété de Rothschild ! Litvinov était devenu le « représentant autorisé des banquiers – les propriétaires de la Réserve Fédérale, de la Banque d'Angleterre et de la Russie Soviétique »[160] Comme on peut le constater, la Révolution Bolchévique ne fut rien d'autre qu'un gigantesque exercice de pillage par les Rothschild.

En décembre 1921, la Colonie Industrielle Autonome de Kuzbass fut établie. Elle accordait le contrôle d'un vaste complexe industriel à un groupe d'investisseurs Américains et Européens qui l'avaient financé. De ce moment, « des millions de roubles en or furent transférés à l'étranger sans s'acquitter d'aucun droit de douane, prétendument en tant qu'intérêts acquis pour le capital investi par les banquiers Européens »[161], malgré le fait que ces investissements ne soient pas tous aussi important.

En 1924, Joseph Staline devint le dirigeant de l'Union Soviétique, mais Litvinov, qui ne craignait personne, resta une figure éminente. Son impolitesse envers Staline était proverbiale.[162] Lors de la purge de 1937-1938, presque tous les députés de Litvinov furent arrêtés et fusillés. Litvinov plaida la cause de l'un de ses plus proche ami : Boris Stomonyakov, et informa

---

[159] Ibid., 199.
[160] Ibid., 203.
[161] Ibid., 204.
[162] Ibid., 205, 206 et 209. En juin 1941, lors d'une réunion de diplomates étrangers, Litvinov arriva habillé d'un somptueux costume de laine polaire. Staline lui demanda pourquoi il ne portait pas un costume sombre comme tout le monde. Litvinov lui répondit en plaisantant: "Il a été mangé par les mites".

Staline qu'il se portait garant de lui. Staline regarda Litvinov dans les yeux et répondit : « Camarade Litvinov tu ne peux te porter garant que de toi-même. »[163]

De 1930 à 1939, Litvinov occupa le poste de Commissaire du Peuple aux Affaires Étrangères de l'Union Soviétique. En 1939, les relations entre l'Allemagne Nationale-Socialiste et l'Union Soviétique commencèrent à se réchauffer. Cette détente représentait un anathème pour les maitres de Litvinov qui gardait le souvenir cauchemardesque de la Sainte Alliance unissant l'Autriche, la Prusse et la Russie en 1815, ainsi que de la *Dreikaiserbund* (Ligue des Trois Empereurs) que Bismarck avait initié entre les mêmes trois empires en 1872. Litvinov s'interposa, mais à ce moment Staline en eut assez de son comportement insolent. Le 3 mai 1939, un coup d'état silencieux se produisit lorsque Staline « déchu la marionnette de la pègre bancaire de son titre de ministre des affaires étrangères. »[164]

Grâce à sa propre banque d'état la Gosbank, qui fut fondée le 16 novembre 1921, l'Union Soviétique avait enfin gagné sa souveraineté et son indépendance à l'égard des banquiers internationaux. Tous les adjoints de Litvinov et leurs directeurs furent arrêtés, mais il fut lui-même épargné, car il était intouchable. Litvinov fut autorisé à se retirer dans sa *dacha*, mais fut maintenu sous surveillance constante.

---

[163] Ibid., 206.
[164] Ibid., 207.

Maxime Litvinov (né Wallach-Finkelstein), fut pendant plus de quarante ans l'intermédiaire des Rothschild. Il organisa le pillage de la Russie par les banquiers internationaux.

Vers la fin de 1941, les services de Litvinov furent une fois encore requis. Avec les Allemands frappant à la porte de Moscou, la situation désespérée de Staline nécessitait une aide urgente de l'Occident. Litvinov fut envoyé à Moscou comme ambassadeur Soviétique. Les Américains étaient réticents à prêter de l'argent à l'Union Soviétique, mais Litvinov ne tarda pas à tout résoudre et en quelques semaines un emprunt d'un milliard de dollars fut accordé. Un accord de prêt-bail fut signé et au cours des quatre années suivantes des matières premières et des services d'une valeur $11 milliard furent fournis.

Litvinov « pouvait joindre la Maison Blanche à tout moment et le Président [Roosevelt] le recevait immédiatement »[165]. Ces deux larbins des banquiers internationaux pompèrent l'or – de la Russie d'un côté, de l'autre du peuple des États-Unis – directement dans les coffres de la Réserve Fédérale de Rothschild.[166]

Litvinov[167] fut rappelé en 1943 lorsque la guerre tourna en faveur de la Russie. Son successeur au poste de ministre des affaires étrangères, Vyacheslav Molotov, nous fournit un point de vue éloquent : « Litvinov nous témoignait une hostilité totale… Il méritait la peine la plus sévère entre les mains du prolétariat. Une punition

---

[165] Litvinov fut ambassadeur du 10 novembre 1941 au 22 août 1943.
[166] N. Starikov, op.cit., 211. Le 5 avril 1933 par l'Ordre Exécutif 6102 le gouvernement des États-Unis confisqua tout l'or de ses citoyens, à l'exception des pièces numismatiques, et l'échangèrent pour du papier monnaie.
[167] Il n'est pas surprenant que Litvinov refusa d'écrire ses mémoires.

exemplaire. »[168]

Entre le 1ᵉʳ et le 22 juillet 1944, les banquiers internationaux organisèrent une conférence à Bretton Woods, dans le New Hampshire. Son but était d'établir une Banque Mondiale et un Fond Monétaire International qui gouverneraient les relations entre les nations indépendantes et maintiendraient des taux de change fixes. Les représentant soviétiques participèrent à la conférence, mais refusèrent de signer, déclarant que les institutions proposées n'étaient que des « succursales de Wall Street ».[169] Cette impertinence de Staline provoqua probablement la colère des Rothschild, mais ils ne pouvaient pas faire grand-chose tant que l'Allemagne restait invaincue.

Entre le 17 juillet et le 2 août 1945, la conférence de Postdam se tint en Allemagne. Elle détermina les nouvelles frontières de l'Europe. À partir de ce moment, l'Union Soviétique fut graduellement isolée et ce fut le début de la Guerre Froide. Staline n'avait aucune vu sur l'Europe Occidentale. Son armée était complètement épuisée et il avait déjà fort à faire pour absorber l'Europe de l'Est sous son hégémonie et pour réparer tous les dommages soufferts par son pays, qu'il lui avait lui-même infligé en provoquant l'Allemagne par une guerre préventive.[170] D'une perspective

---

[168] F. Chuev and A. Resis, *Molotov Remembers*, Chicago, 1993, 68.
[169] E.S. Mason et R.E. Asher, *"The World Since Bretton Woods: The Origins, Policies, Operations and Impact of the International Bank for Reconstruction"*, Washington D.C., Brookings Institution, 1973, 29.
[170] Staline avait prévu d'attaquer l'Allemagne le 6 juillet 1941. Voir V. Suvorov, *The Chief Culprit Stalin's Grand Design to Start World War II*, Naval institute Press, Annapolis, Maryland, 2008, 328 pp.

militaire, le largage de bombes nucléaires sur Hiroshima et Nagasaki était inutile, car en janvier 1945, le Japon tentait déjà de négocier les termes d'une reddition. L'holocauste nucléaire répondait à deux sinistres objectifs : (i) punir les Japonais pour avoir mis en place leur propre banque d'état et (ii) de lancer un avertissement à l'Union Soviétique qui était déjà pourvue d'une banque d'état.

La Guerre Froide fut initialement poursuivie par l'Occident dans le but de mettre à genoux l'Union Soviétique. Staline, qui était plus nationaliste[171] que communiste, résista et fut prétendument empoisonné, avant d'être autorisé à mourir le 1ᵉʳ mars 1953 d'une attaque cérébrale pour laquelle il ne reçut aucun traitement médical.[172] Dès ce moment, la Guerre Froide dégénéra en farce, car l'Occident, et en particulier les États-Unis, investirent lourdement en Union Soviétique. D'importants investissements furent réalisés à l'usine Gorki qui construisait les camions Ford, ainsi que sur le site de construction automobile le plus grand au monde, à Volgograd, d'où sortait les voitures Fiat. Il y eut aussi des financements importants dans les domaines de l'aviation, de l'informatique et de l'électricité. L'Union Soviétique devint une destination de choix en matière d'investissements lucratifs.

Suvorov pense que "l'Unions Soviétique a perdu la Seconde Guerre mondiale", 280.

[171] Voir K. Bolton, *Stalin, The Enduring Legacy*, Black House Publishing, London, 2012, 164 pp.

[172] S.S. Montefiore, *Stalin The Court of the Red Tsar*, Weidenfeld & Nicolson, London, 2005, 651-665. L'accident vasculaire cérébral de Staline pourrait avoir été provoqué par la prise de warfarine, un anticoagulant, versé dans son vin les jours précédant sa mort.

Les russes rejoignirent l'armée, mais avec 50% de leur budget alloué aux armements, il s'agissait d'une guerre qu'ils ne pouvaient pas remporter sur le long terme. Cela explique pourquoi le niveau de vie en Union Soviétique n'égala jamais celui de l'Occident, exceptant le secteur des services publics, tels que l'éducation et le logement.

En 1991, l'Union Soviétique implosa et une escouade de conseillers arriva des États-Unis pour introduire les merveilles du libre-échange capitaliste qui comprenait l'impôt sur le revenu et l'usure. Le but premier de ces conseillers était de « présenter la loi sur la Banque Centrale de Russie au bon moment, ce qui provoqua davantage de dommages qu'une armée d'envahisseurs concernant la perte de souveraineté de la Russie. »[173]

Pendant presque 200 ans, les Tsars et les Soviets avaient résisté, mais finalement la Russie tomba entièrement aux mains des Rothschild.

---

[173] N. Starikov, op.cit., 182-183.

LA RESPONSABILITÉ DES ROTHSCHILD DANS LA GUERRE DES BOERS.

Tout au long du dix-neuvième siècle, le système monétaire du monde reposait sur le standard or, qui avait été développé et maintenu par les Rothschild. La découverte de vastes champs aurifères dans le Witwatersrand avait créé une nouvelle source d'extraction qui devait être contrôlée afin que ce système financier malhonnête survive. Malheureusement pour les Rothschild, ces nouvelles mines étaient situées au sein de la *Zuid-Afrikaansche Republiek* indépendante.

Des flots de migrants et de spéculateurs affluèrent aussitôt dans le pays. Certains d'entre eux étaient britanniques, mais un large nombre d'entre eux étaient pour la plupart des « Juifs russes, polonais et allemands, aux propensions itinérantes et sans aucun attachement ni enracinement envers un pays en particulier. »[174] Les propriétaires des mines d'or étaient ainsi presque toujours des Juifs. L'entreprise dominante du secteur était le Groupe Eckstein, nommé d'après son directeur Hermann Eckestein. Cette combinaison comprenait les Consolidated Goldfields et S. Neumann & Co. Le professeur John Atkinson Hobson écrit dans *The War in South Africa Its Causes and Effects* que « les Rothschild possédaient la majorité des parts dans la Goetz & Co. » et que « les Rothschild étaient derrière la Exploration

---

[174] J.A. Hobson, *The War in South Africa Its Causes and Effects*, James Nisbet & Co., Limited, London, 1900, 70. Hobson mentionne à la page 12 que dans le Johannesburg Directory of 1899, 24 Joneses, 53 Browns and 68 Cohens étaient répertoriés.

Company qui était en fait dirigée par Wernher, Beit et Rothschild. »[175] De plus, il ajoute que le monopole sur la dynamite et « le riche et puissant commerce en spiritueux, légal et illégal, était entièrement entre les mains des Juifs. » ; « il est inutile de préciser que la bourse est entièrement entre les mains des Juifs » et « que la presse de Johannesbourg est principalement leur fief privé ».[176]

Dès le début des années 1890, les travailleurs et spéculateurs étrangers étaient plus nombreux que les Boers. En 1896, après le raid manqué de Jameson qui tenta de renverser le gouvernement du Transvaal, la Ligue Sud-Africaine fut fondée comme façade pour agiter l'opinion en faveur des droits de vote des *uitlanders* ou outlanders, les étrangers. Afin de protéger leur statut, les Boers souhaitaient ne leur accorder qu'une franchise après une période de 14 années de résidence. Le 30 mai 1899, lors d'une conférence tenue à Bloemfontein, la capitale de l'État libre d'Orange, le président Paul Kruger, offrit de réduire la période de résidence à sept ans. Le Haut-Commissaire britannique, Sir Alfred Milner ne se résigna pas et exprima que de son point de vue, ce serait « la réforme ou la guerre ».[177] Finalement, Kruger « prenant sa tête entre ses larges

---

[175] Ibid., 193. Voir aussi R. Rudman, *England Under The Heel Of The Jew*. Ce pamphlet de 21 page fut extrait d'un ouvrage du même titre écrit en 1918 par le Dr John Henry Clarke, un médecin, et fut publié par C.F. Roworth à London. Il fournit un compte rendu éloquent de la conspiration ourdie par les propriétaires Juifs pour renverser le gouvernement Kruger.
[176] Ibid., 193.
[177] P.J Pretorius, *Volksverraad*, Libanon-Uitgewers, Mosselbaai, Western Cape, 1996, 58.

mains, les larmes coulant le long de ses joues barbues »[178], cria plein d'angoisse : « C'est mon pays que vous voulez ! »[179]

En septembre 1899, par provocation, les Britanniques massèrent leurs troupes au sud de la frontière du Transvaal. Le 9 octobre 1899, une requête pour que « le gouvernement de sa Majesté cesse de réunir ses troupes aux frontières de la République et d'envoyer des renforts de guerre en provenance de tout l'Empire Britannique »[180] fut ignorée. Deux jours plus tard, la guerre éclata.

Bien que les Boers ne disposassent que d'une armée d'amateurs à cheval, ils accomplirent d'extraordinaires exploits initiaux. Cependant, ils furent finalement dépassés par l'armement adverse tout en se retrouvant en infériorité numérique. À partir de juin 1900, les Boers recoururent à la guérilla. Un minuscule contingent de 6000 hommes fut capable de contenir presque 450 000 soldats issus du plus grand empire mondial.

L'armistice fut signé à Vereeniging, le 31 mai 1902. La guerre fut un désastre absolu pour les Boers. Au cours d'une opération terre-brulée sans précédent, les propriétés des Boers furent rasées, les puits

---

[178] R. Kraus, *Old Master Thereof Jan Christian Smuts*, E.P. Dutton & Co. Inc., New York, 1944, 92.
[179] T. Pakenham, *The Boer War*, Jonathan Ball Publishers, London, 1979, 68.
[180] S.M. Goodson, *General Jan Christian Smuts The Debunking of a Myth*, Bienedell Uitgewers, Pretoria, 2013, 11.

empoisonnés, leurs troupeaux furent massacrés (principalement en leur sectionnant les tendons « afin d'économiser les munitions ») et leurs femmes violées. 25 villes furent détruites. 136 000 femmes et enfants furent parqués dans 46 camps de concentration fait de tentes où l'hiver la température tombait en dessous de zéro. 34 000 d'entre eux moururent de malnutrition et de conditions d'hygiène déplorables. 75% d'entre eux étaient âgés de moins de 16 ans.

Les Britanniques souffrirent également de lourdes pertes, avec 21 942 tués (35% au combat, 65% de maladies) et 22 829 blessés. Les banquiers eurent la satisfaction d'avoir financée la guerre pour un montant de £222 million, augmentant ainsi la dette publique de la Grande-Bretagne de £132 million. Pour les Rothschild, la Guerre Anglo-Boers fut une victoire totale.

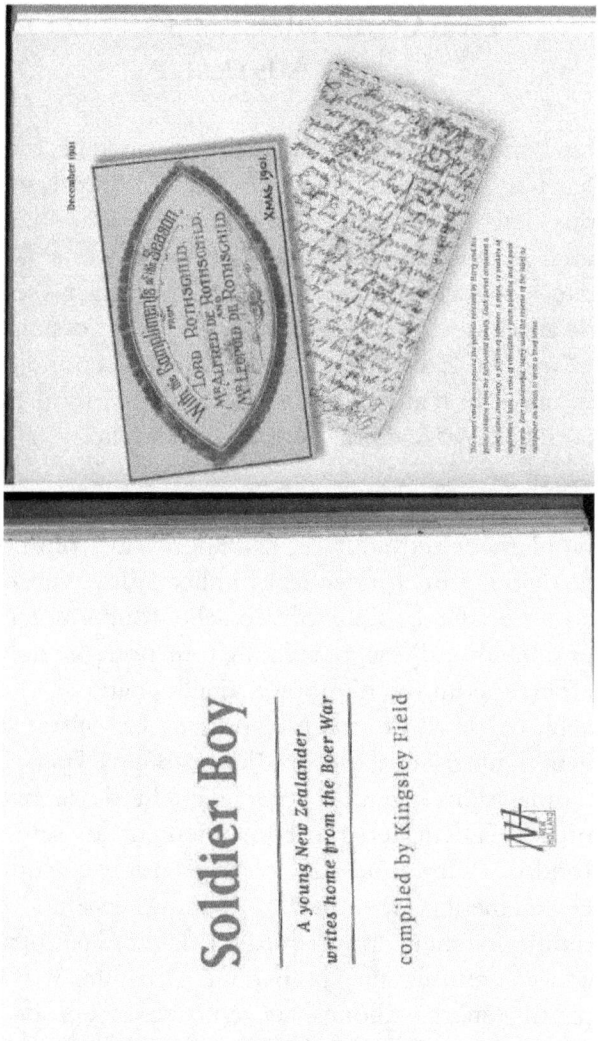

Une carte de vœux envoyée par les **Rothschild**. En décembre 1901, les Rothschild envoyèrent à leurs « troupes » au combat un panier de noël contenant un nécessaire à écrire, une portion de tabac, une pipe, 12 paquets de cigarette, un livre, un gâteau au chocolat, un pudding et un jeu de carte.

LA BANQUE DU COMMONWEALTH D'AUSTRALIE

La Banque du Commonwealth d'Australie fut inspirée par King O'Malley, un américain, qui découvrit le secret du système bancaire des réserves fractionnaires alors qu'il travaillait à la banque de son oncle à New York dans les années 1880. Lorsque le premier Gouverneur de la banque, Sir Dennison Miller, se vit demander où il trouverait le capital de sa banque, il répondit : « Quel capital ? Je n'ai pas besoin de capitaux, mon capital est la richesse et le crédit de toute l'Australie. »[181]

Avec une avance de £10,000 du gouvernement, qui fut rapidement remboursée, la Banque du Commonwealth d'Australie fut fondée le 15 juillet 1912. Bien qu'établie comme une banque privée, elle fonctionnait comme une banque d'état, possédant tout pouvoir de gérer ses affaires comme n'importe quelle banque, y compris celui de servir de caisse d'épargne. En outre, la banque était autorisée à lever des capitaux par la vente d'obligations garanties par le crédit de la nation. Ses profits étaient répartis équitablement au sein de deux fonds – un fond de réserve pour s'acquitter des engagements pris par la banque et un fond de remboursement pour repayer les obligations ou les actions émises par la banque. Ensuite, 50% de ses profits étaient alloués au remboursement de la dette nationale.

---

[181] R. Gollam, op. cit., fournit les origines détaillées des évènements conduisant à l'établissement de la banque.

King O'Malley (1854-1953) qui fut l'inspirateur de la création de la banque d'état de l'Australie, la Commonwealth Bank of Australia.

Pendant 12 ans, malgré la Première Guerre mondiale (1914-1918), l'Australie connut une de ses plus grandes périodes de prospérité. En accordant des emprunts au gouvernement à un taux d'intérêt nominal, à savoir 2/3 d'un pour cent par an, la banque permit au pays d'investir dans un vaste programme d'infrastructures. Un montant de AU$18,72 millions fut alloué à la construction de barrages et du système d'irrigation du fleuve Murrumbidgee, du chemin de fer transcontinental, des centrales électriques, d'usines à gaz, de ports, de routes et de tramway. De plus, la culture de fruits, le blé et les récoltes de laines des fermiers furent financées à hauteur de AU$3 millions à un taux d'intérêts nominal. AU$4 millions furent débloqué pour l'achat de 15 navires à vapeur afin d'organiser les exportations croissantes de l'Australie et AU$8 millions furent consacrés au logement. La Première Guerre mondiale coûta AU$700 millions à l'Australie, mais elle fut financée par la Banque sous forme de dette sans intérêt.

Cette période de prospérité phénoménale prit fin en 1924, lorsqu'une loi, qui plaça le contrôle de la Banque entre les mains d'un directoire composé d'un Gouverneur, d'un Secrétaire au Trésor et de six autres personnes activement engagées dans les secteurs agricoles, financiers et industriels, nommées pour un mandat au nombre d'années variables, fut passée par Stanley Melbourne Bruce, le Premier Ministre (1924-1929) et le Dr. Earle Page, son partenaire de la coalition.[182] Bruce a souvent été soupçonné d'avoir reçu des pots de vin, car ce qu'il fit fut complètement contre les intérêts du peuple australien. Au cours de son mandat, le gouvernement australien emprunta £230 millions à la City de Londres[183] et en 1927, les dettes fédérales et étatiques avaient toutes deux atteint le montant de £1 milliard et le budget était déficitaire.[184]

Le 10 octobre 1924, la loi fut promulguée. Elle eut pour effet de placer la Banque sous le contrôle d'un groupe d'hommes, qui la privèrent plus tard du droit d'émettre la monnaie de la nation sans dette et sans intérêt. En 1927, la Banque perdit ses succursales de caisse d'épargne, et bien qu'elle resta autorisée à émettre les billets et ainsi d'engranger un minimum de seigneuriage, elle devint par la suite une banque centrale opérant au bénéfice exclusif de banques privées. La trahison finale de la Banque se produisit le 20 mars 1947, lorsque la Chambre des Représentants vota favorablement à 55

---

[182] Bruce et Earle étaient les dirigeants des deux parties politiques respectif du National et Country.
[183] S. McIntyre, *A Concise History of Australia*, Cambridge University Press, Melbourne, 2009, p. 168.
[184] I. M. Cumpston, *Lord Bruce of Melbourne*, Longman Cheshire, Melbourne, 1989, p. 74.

votes contre 5, son statut de membre du Fond Monétaire International et se soumit par là-même aux décrets et aux diktats de la Banque des Règlements Internationaux contrôlée par Rothschild.

LA PREMIÈRE GUERRE MONDIALE

La Première Guerre mondiale fut déclenchée le 28 juin 1914, lorsque Gavrilo Princip, d'origine juive supposée et membre du groupe terroriste de la Main Noire, assassina l'Archiduc François-Ferdinand, héritier du trône autrichien et sa femme tchèque à Sarajevo, en Bosnie-Herzégovine. Princip était un collaborateur de Léon Trotski (de son vrai nom Lev Davidovitch Braunstein),[185] un Juif russe qui conspirait avec son camarade Juif Vladimir Lénine (renommé Oulianov à son adoption, mais répondant au nom véritable de Zederbaum)[186] pour renverser la monarchie russe. Il fut

---

[185] Pour l'origine supposée de Princip, voir W. G. Simpson, *Which Way Western Man?*, Yeoman Press, New York, 1978, p. 682, où il cite l'ouvrage de Léon de Poncins, *Les Forces Secrètes de la Révolution*, Éditions Saint-Rémi, qui à son tour cite les archives du procès de l'assassin. Voir aussi, la *Symphonie Rouge* de J. M. Landowsky, Hadès Éditions, un interrogatoire par le NKVD (la police secrète de Staline) de Christian G. Rakovsky (de son véritable nom Chaïm Rakover), où il avoue que Trotski fut derrière le meurtre de l'Archiduc Ferdinand et que l'étoile à cinq branches Soviétique représente les cinq succursales des frères Rothschild (Francfort, Londres, Naples, Paris et Vienne.)

[186] Le père de Lénine était un Buryat, un russe non ethnique. Son arrière-grand-père maternel était Moishe Itskovich Blank et son grand-père Srul Moisevich Blank. Ce dernier changea son prénom en Alexandre. Zev Ben-Shlomo, la vie et l'héritage de Lénine, Dimitri Volkogonov, *Jewish Chronicle*, Londres, 4 avril 1995. La mère juive de Lénine était Maria Blank. Lorsque ses parents moururent, lui et son frère furent adoptés par une famille juive. En 1929, la sœur de Lénine Anna Oulianova-Yelizarov proposa à Staline que son ascendance soit révélée afin de contrer l'antisémitisme endémique et d'instiller au sein des masses « l'esprit révolutionnaire Juif ». Malgré le fait que Lénine ait prétendument été révéré par les masses, Staline lui demanda de garder le secret car cette révélation risquait de faire comprendre à tout le monde que la Révolution Bolchévique fut 100% juive. Jesse Zel Lurie, Lénine était un Juif secret, *Bronward Jewish Journal*, 25 février 1992. D'après un rapport publié dans *The Times*, le 10 mai 1920, basé sur des sources Soviétiques, 458 sur les 556 fonctionnaires principaux du régime, étaient des Juifs, l'équivalent de 82,4%. L'auteur a visité un des

à son tour financé par le Juif américain Jacob Schiff,[187] qui était l'homme de paille du Juif anglais Lord Walter Rothschild, le maitre d'œuvre de cette épouvantable catastrophe. Ces faits furent confirmés devant le Sénat des États-Unis en 1921, lorsqu'il fut affirmé que « la pleine responsabilité de la Première Guerre mondiale reposait sur les épaules des Banquiers Juifs Internationaux. Ils sont responsables de millions de morts. »[188] Fin octobre 1926, une autre confirmation de ces faits irréfutables fut révélée dans une conversation entre le parlementaire britannique Victor H. Cazalet et Henry Ford (1863-1947). Lorsque ce dernier s'entendit demander qui étaient les financiers Juifs internationaux, il répondit : « Je dispose de plusieurs ouvrages qui vous diront qui ils sont. Ils furent responsables de la dernière guerre, et à l'avenir, ils seront toujours capables de créer

---

derniers musé Lénine à Tampere, en Finlande, où Lénine planifia la Révolution de Novembre 1905 en Russie.
[187] Voir Anthony C. Sutton, *Wall Street et la Révolution Bolchévique*, Le Retour aux Sources 2010.
[188] Archives du Congrès des États-Unis, 67ème, 4ème séances, Documents du Sénat no. 346, 1921. En 1928, l'écrivain Juif, Marcus Élie Ravage écrivit la chose suivante : « Vous n'avez pas encore entièrement commencé d'apprécier la véritable profondeur de notre culpabilité. Nous sommes les intrus. Nous sommes les pervertisseurs. Nous nous sommes emparé de votre monde naturel, de vos idéaux, de votre destiné et les avons ravagé. Nous avons été à l'origine, pas simplement de la dernière grande guerre [la 1ère Guerre mondiale], mais de presque toutes vos guerres, pas seulement de la Révolution Russe, mais de toutes les grandes révolution de votre histoire. Nous avons semé la discorde et la confusion et planté la frustration dans votre vie personnelle et publique. Nous le faisons encore. Personne ne peut dire combien de temps nous continuerons à le faire. » *The Century Magazine*, janvier 1928, Vol. 115, No. 3, p. 346-350, cité par B. Klassen dans *The White Man's Bible, The Church of the Creator*, Otto, Caroline du Nord, 1981, p. 287-289.

une guerre lorsqu'ils en ressentent le besoin. »[189]

Henry Ford, le pionner de l'automobile, identifia les banquiers Juifs internationaux comme les instigateurs de la Première Guerre mondiale, exprimant ses analyses dans le *Juif International* publié par le journal *Dearborn Independant*.

---

[189] A. N. Field, *The Truth About the Slump – What the News Never Tells*, Publication privé, Nelson, Nouvelle-Zélande.

Les rivalités commerciales, le jeu des alliances, et des prises de positions mal comprises, sont souvent présentés comme les causes principales de la Première Guerre mondiale. Cependant, les véritables raisons par ordre d'importance furent les suivantes :

1) Détruire L'Empire Russe et sa Banque d'État

2) Briser les autres empires (Austro-Hongrois, Allemand et Ottoman) en les divisant en états plus petits, qui pourraient alors être plus facilement exploités à travers l'établissement de banques centrales.

3) S'emparer de la Palestine et créer un état-marionnette Sioniste sous le contrôle direct des Rothschild.[190]

À la fin de 1916, les armées Britanniques et Françaises se trouvaient en danger de perdre la guerre, les Français s'étant déjà mutinés sur le front Ouest. Les Britanniques avaient déjà perdu leur suprématie maritime à la bataille de Jutland, le 3 mai 1916, lorsque la marine allemande, en infériorité numérique à hauteur d'un contre deux, humilia l'invincible Royal Navy, coulant 12 vaisseaux en en perdant 6, souffrant des pertes de 2,551 marins contre celles infligées aux Britanniques s'élevant à 6,094.[191] Les deux Kaisers essayèrent désespérément de mettre un terme à ce massacre fratricide inutile. Lorsque surgit une offre émanant de Lord Rothschild garantissant le concours de l'Amérique en échange de l'attribution de la Palestine à un groupe de Juifs

---

[190] N. Ferguson, *The House of Rothschild, The World's Banker 1849-1999*, Vol. 2, Penguin Books, Londres, 1999, p. 449.
[191] Léon Degrelle, *Hitler né à Versailles*, Vol 1 du *Siècle de Hitler*.

Sionistes après la liquidation de l'Empire Ottoman.[192]

Le 6 avril 1917, les États-Unis déclarèrent la guerre à l'Allemagne[193] et aux autres puissances centrales et le 2 novembre 1917, Lord Rothschild et ses collaborateurs Sionistes reçurent par écrit de la part de la Grande-Bretagne l'assurance d'accorder la Palestine aux colons Juifs.[194] Ce tristement célèbre document connu comme

---

[192] Le mouvement des Jeunes Turcs qui organisa la chute de l'Empire Ottoman était principalement constitué de Juifs *Donmeh* (terme turc pour converti), qui suivaient le culte Juif du Sabbataïsme ayant été fondé par Sabbataï Tsevi au milieu du dix-septième siècle. P. Papaherakles, Les Jeunes Turcs et le massacre de 117 million de blancs, *The Barnes Review*, Washington, D. C. Vol. XVIII, No. 2, mars/avril 2012, p. 22-31.

[193] Dans un discours prononcé au Willard Hotel, à Washington, D. C. en 1961, Benjamin Freedman (Friedman), un ancien Juif converti au Catholicisme Romain, confirma la manière dont les Juifs allemands ont trahis l'Allemagne pendant la Première Guerre mondiale, en piégeant les États-Unis, les forçant à se joindre à l'Angleterre en échange de la promesse future de la Palestine.

[194] Plus de 98% des colons Sionistes en Palestine sont des Ashkénazes, n'ayant absolument aucun lien ethnique sémitique avec le territoire. Ils sont les descendants du royaume Khazar, qui était situé au sud de la Russie dans la région de l'actuelle Géorgie. Les Khazars furent l'objet d'une conversion massive au Judaïsme par leur monarque, le Roi Bulan, au huitième siècle apr. J.-C. Une confirmation peut être trouvée dans un article sur la craniométrie du Dr. Maurice Fishberg dans la *Jewish Encyclopaedia* IV, 1902, p. 331-335. Cette étude portant sur près de 3000 crânes juifs en provenance de divers pays sur une période de 20 ans, révéla qu'ils appartenaient à la catégorie des brachycéphalie ou tête-élargie dotée d'un index de 80 ; en contraste avec les têtes d'arabes, qui sont dolicéphalique ou tête-longue. Voir aussi Arthur Koestler, *La Treizième Tribu : l'Empire Khazar et son héritage*. Ramdon House, 1976, p. 255. Et Shlomo Sand, *Comment le peuple Juif fut inventé*, Verso, 2009, p. 344 et *Comment la terre d'Israël fut inventée : De la Terre sainte à la mère patrie*, Verso, 2012, p. 304. Le 5 décembre 2012, une étude rédigée par le Dr. Eran Elhaik, un chercheur généticien à la Johns Hopkins University School of Medicine, fut publiée par l'Oxford Université Press pour le compte de la Société de Biologie Moléculaire et de l'Évolution, et confirma que la « thèse Khazar » est scientifiquement correcte.

la Déclaration Balfour, fut rédigé par Lord Arthur James Balfour, le Secrétaire des affaires étrangères britannique et le général Jan Christian Smuts, un membre du Cabinet Impérial de guerre.

```
                                Foreign Office,
                                November 2nd, 1917.

Dear Lord Rothschild,
            I have much pleasure in conveying to you, on
behalf of His Majesty's Government, the following
declaration of sympathy with Jewish Zionist aspirations
which has been submitted to, and approved by, the Cabinet

     'His Majesty's Government view with favour the
  establishment in Palestine of a national home for the
  Jewish people, and will use their best endeavours to
  facilitate the achievement of this object, it being
  clearly understood that nothing shall be done which
  may prejudice the civil and religious rights of
  existing non-Jewish communities in Palestine, or the
  rights and political status enjoyed by Jews in any
  other country"

     I should be grateful if you would bring this
  declaration to the knowledge of the Zionist Federation.
```

La lettre de Lord **Arthur Balfour** à Lord **Walter Rothschild**, le dirigeant de la Fédération Sioniste, confirmant le soutien britannique à l'établissement d'un état Sioniste en Palestine.

Le bain de sang engendré par cette guerre inutile se poursuivit encore pendant deux ans. La Russie fut totalement détruite et un problème insoluble fut créé au

Moyen-Orient. Comme le rabbin Reichorn le fit prophétiquement remarquer en 1859 : « Les guerres sont les moissons des Juifs, car grâce à elles, nous exterminons les Chrétiens et prenons le contrôle de leur or. Nous en avons déjà tué 100 millions. Nous entrainerons les Chrétiens dans d'autres guerres en exploitant leur fierté nationale et leur stupidité. Ils se massacreront alors entre eux, faisant ainsi davantage de place à notre peuple. »[195] Dans une veine similaire, Gutle Schnapper, la femme de Mayer Amschel Rothschild avait déclaré peu avant de mourir en 1849 : « Si mes fils n'avaient pas voulu la guerre, il n'y en aurait pas eu. »[196]

Un armistice fut signé le 11 novembre 1918 et sept mois plus tard, le 28 juin 1919 le Traité de Versailles, profondément vicié, fut signé. L'Allemagne devait accepter d'assumer les torts exclusifs et payer des réparations exorbitantes de £6,6 milliards[197], l'équivalent de toute la richesse du pays, bien que les autres belligérants, l'Angleterre, la France et la Russie soient tout aussi – sinon plus – à blâmer. Cette indemnité serait utilisée pour rembourser aux banquiers internationaux les emprunts frauduleux et les intérêts fictifs qui avaient été consentis aux gouvernements de Grande-Bretagne et de France. Comme le Général Smuts le déclara à la conférence : « Tout ce que nous avons fait ici est bien pire que le Congrès de Vienne.

---

[195] *Le Contemporain*, 1er juillet 1880.
[196] N. Ferguson, op. cit., p. 20.
[197] D'après le calculateur d'inflation de la Banque d'Angleterre, £6,6 milliard étaient l'équivalent de £289 milliard en 2012.
www.bankofengland.co.uk/education/Pages/inflation/calculator/flash/default.aspx

Les hommes d'état de 1815 savaient au moins ce qui se passait. Nos politiciens n'en ont aucune idée. »[198]

---

[198] Léon Degrelle, op. cit., p. 335.

CHAPITRE V

LA GRANDE DÉPRESSION

« Le Capital doit se protéger de toutes les manières possibles, par la combine et la législation à la fois. Les dettes doivent être remboursées, les hypothèques doivent être saisies aussi vite que possible. Lorsqu'à travers le processus légal, les gens ordinaires perdent leurs maisons, ils deviennent plus dociles et plus facilement gouvernés par le bras séculier du gouvernement mu par un pouvoir central exercé par les riches sous la direction des financiers. Ces vérités sont bien connues de nos agents qui s'emploient à présent à former un impérialisme pour gouverner le monde. En divisant les électeurs grâce au système des partis politiques, nous les forçons à dépenser leurs énergies et à se battre pour des questions insignifiantes. C'est ainsi, par l'action discrète, que nous parviendrons à sécuriser pour nous-mêmes ce qui a déjà été si bien planifié et accompli avec autant de succès. »

- Montagu Norman, Gouverneur de la Banque d'Angleterre, s'adressant à l'Association des Banquiers des États-Unis, à New York, en 1924.

Au début du vingtième siècle, il n'y avait encore que 18 banques centrales : La Riksbank suédoise (1668), la Banque d'Angleterre (1694), la Banque d'Espagne (1782), la Banque de France (1800), la Banque de Finlande (1812), la Banque des Pays-Bas[199] (1814), La Banque de Norvège (1816), la

---

[199] *De Nederlandsche Bank* fut précédé de l'*Amterdamsche Wisselbank*, qui fut

Banque d'Autriche (1816), La Banque du Danemark (1818), la Banque du Portugal (1846), la Banque de Belgique (1850), la Banque d'Indonésie (anciennement Banque de Java) (1865), la Reichsbank allemande (1876), la Banque Nationale de Bulgarie (1879), La Banque Nationale de Roumanie (1880), la Banque du Japon (1882), la Banque Nationale de Serbie (1884) et la Banque d'Italie (1893).

En 1922, une conférence fut donnée à Gênes du 10 avril au 19 mai, à laquelle assistèrent tous les chefs d'état, les gouverneurs de la Banque d'Angleterre, de la Banque de France et la Réserve Fédérale de New York, ainsi qu'une multitude de banquiers internationaux. A cette conférence, il fut décidé de mettre en place des banques centrales dans tous les pays qui n'en étaient pas encore pourvus. Le gouverneur de la Banque d'Angleterre, Montagu Norman,[200] insista sur le fait que les banques centrales devaient être indépendantes de leur gouvernement.[201] A. N. Field relate cet événement significatif dans son ouvrage *All These Things* :

« Malgré l'audace de ces procédés, ils connurent

---

fondée en 1609 par Dirck van Os, et peut ainsi être considérée comme la première banque centrale au monde.

[200] Montagu Norman, un franc-maçon, était très secret et agissait souvent de manière clandestine. Lorsqu'il voyageait à l'étranger, il adoptait le nom de plume de Professeur Skinner. Il s'agissait du nom de son secrétaire, Ernest Skinner. Tout au long de son mandat, il ne visitait jamais un pays qui n'avait pas de banque centrale et n'engageait jamais une conversation avec un gouverneur de banque centrale en la présence d'un ministre des finances étranger. R. S. Sayers, *The Bank of England 1891-1944*, Cambridge University Press, Cambridge, 1976, p. 159-160.

[201] A. N. Field, *All These Things*, Omni Publications, Hawthorne, Californie, 1936, p. 7.

une entière réussite. Les économistes stipendiés découvrirent béatement que les banques de réserve étaient de merveilleux instruments scientifiques, les journaux se joignirent aux applaudissements, et les politiciens des divers états se comportèrent comme des gardiens disciplinés menant les moutons à l'abattoir. Le fait que les financiers ne soient en rien des fonctionnaires, mais de simples agents payés par des actionnaires d'une compagnie bancaire et dont les intérêts n'ont pas le moindre rapport avec l'intérêt national. »[202]

LA BANQUE DES RÈGLEMENTS INTERNATIONAUX

Le nombre des nouvelles banques centrales augmenta, particulièrement « après la création de la Banque des Règlements Internationaux à Bâle en 1930, [lorsque] les banques centrales de réserve (plus ou moins indépendantes des gouvernements des pays au sein desquels elles étaient situées) [poussèrent] comme des champignons tout autour du monde, au milieu des approbations unanimes des gouvernements et de leur peuple, tous deux trompés par ces banques ayant l'intention de les asservir.[203]

Le but originel de la BRI était de faciliter le paiement des réparations de guerre par l'Allemagne selon les termes du traité de Versailles, mais une fois que les effets de la Grande Dépression - artificiellement

---

[202] D. J. Amos, *The Story of the Commonwealth Bank*, Veritas Publishing Company Pty Ltd, Bullsbrook, Australie, 1986, p. 27.
[203] Ibid., p. 8.

déclenchée – commencèrent de se faire sentir, et que les Nationaux Socialistes se furent emparés du pouvoir en janvier 1933, tous les versements furent suspendus et la BRI dut trouver une nouvelle direction, à savoir la promotion de la coopération monétaire. En réalité, la BRI guide et dirige le système financier global à travers les banques centrales de chaque pays, dont 60 lui sont directement affiliées.

Le siège de la banque se trouve à Bâle en Suisse, et il est actuellement situé dans un immeuble de 18 étages, qui ressemble à la tour de refroidissement d'une centrale électrique. Il s'agit de la banque centrale des banques centrales, ses dirigeants sont non élus et n'ont de compte à rendre à personne, ses statuts lui garantissent l'immunité à l'égard des lois nationales et fiscales et elle dispose de ses propres forces de police privées. En outre, en vertu d'un agrément passé avec le Conseil Fédéral Suisse, les archives de la banque ainsi que tous ses documents et ses données électroniques, sont inviolables de tout temps et en tous lieux. Cet agrément remonte à l'article X du paragraphe 2 du Protocole de La Haye qui fut signé le 31 août 1929, et qui spécifie : « La Banque, ses biens et avoirs, ainsi que les dépôts ou autres fonds qui lui sont confiés, sur le territoire de, ou dépendant de l'administration de... reste exempte de toute déficience et de toute mesure restrictive, telles que la censure, les réquisitions, la saisie ou la confiscation, en temps de paix ou de guerre, ainsi que libre de toute mesure de représailles, d'interdiction ou de restriction d'exportation d'or ou de devises et autres interférences, restrictions ou interdictions similaires. » Ses réunions bimensuelles, où l'économie mondiale est discutée, sont tenues dans le secret absolu. Il n'y a pas d'agenda écrit, à moins qu'un des statuts de la banque nécessite une révision, et les comptes-rendus ne sont pas conservés. Les fonctions principales de la banque sont officiellement :

(i) Faciliter la collaboration entre les banques centrales aux moyens d'accords.
(ii) Promouvoir la stabilité financière
(iii) Chercher des solutions politiques
(iv) Faire office de contrepartie pour les transactions financières des banques centrales.
(v) Servir d'agent ou d'administrateur en relation avec les opérations financières internationales.

Cependant, la véritable nature de la BRI fut révélée dans l'ouvrage *Tragedy and Hope*, écrit par un initié, le professeur Carroll Quigley de l'Université de Georgetown, qui expliqua :

> « En sus de tous ces buts pragmatiques, les pouvoirs du capitalisme financier nourrissaient un objectif de grande envergure, rien de moins que de créer un système mondial de contrôle financier entre des mains privées, capable de dominer le système politique de chaque pays et l'économie du monde dans son entier. Ce système devait être contrôlé de manière féodale par les banques centrales du monde entier agissant de concert au moyen d'accords secrets passés lors de fréquentes réunions et conférences. L'apex du système devait être la Banque des Règlements Internationaux à Bâle, en Suisse, une banque privée possédée et

contrôlée par les banques centrales du monde, qui sont elles-mêmes des organismes privés. Chaque banque centrale, entre les mains d'hommes comme Montagu Norman de la Banque d'Angleterre, Benjamin Strong de la Réserve Fédérale de New York, Charles Rist de la Banque de France, et Hjalmar Schacht de la Reichsbank, cherchait à dominer son gouvernement par sa capacité à contrôler les emprunts d'état, à manipuler le commerce extérieur, à influencer le niveau d'activité économique au sein du pays, et de récompenser les politiciens coopératifs par des positions influentes au sein du monde des affaires. »[204]

L'illusion et la réalité – une file d'attente de chômeurs à Chicago en 1937.

Comme le professeur Quigley l'avait prédit en 1966, le but ultime de la BRI est une monnaie mondiale unique,

---

[204] Carroll Quigley, *Tragedy and Hope, A History of the World in Our Time*, The Macmillan Company, New York, 1966, p. 324.

un seul système économique mondial et un gouvernement mondial, où les lois nationales ne s'appliquent plus et ne sont plus justifiées. Le contrôle de la Banque repose entre les mains de la Maison Rothschild à travers ses investissements dans diverses banques centrales et autres banques privées.

Après la Seconde Guerre mondiale et la dissolution des empires coloniaux européens, du fait qu'ils n'étaient économiquement plus viables et présentaient de meilleures perspectives pour leur exploitation à travers les emprunts internationaux,[205] il y eut une prolifération de banques centrales et actuellement leur nombre se monte à 155. Huit de ces banques se trouvent entièrement sous contrôle privé : la Banque Nationale de Belgique, la Banque de Grèce, la Banque d'Italie, la Banque du Japon, la Banque de Réserve d'Afrique du Sud, la Banque Nationale Suisse, la Banque Centrale de la République de Turquie et la Réserve Fédérale des États-Unis. La création coordonnée de toutes ces banques centrales prouve sans le moindre doute, qu'elles font toutes parties d'un « conglomérat bancaire international ».[206]

LA RÉSERVE FÉDÉRALE DES ÉTATS-UNIS

Entre 1820 et 1910, bien qu'il y eut une envolée des

---

[205] Pour une description de la manière dont la Banque Mondiale et le FMI, en particulier, à travers le programme d'ajustements structurels de ce dernier, ont exploité les pays en voie de développement avec des prêts étrangers, voir P. T. Bauer, *Equality, the Third World, and Economic Delusion*, Harvard Université Press, Cambridge, Massachussetts, 1981, p. 304, et J. Perkins, *Les Confessions d'un Assassin Financier*, Alterre, 2005.
[206] A. N. Field, op. cit., p. 5.

prix temporaire au cours de la Guerre de Sécession (1861-1866), le dollar conserva son pouvoir d'achat, à savoir qu'un dollar valait toujours un dollar 90 ans plus tard. Cependant, il ne fallut que six ans pour que la Réserve Fédérale détruise la valeur du dollar. Entre 1914 et 1920 les prix augmentèrent de 125%, réduisant sa valeur de 56,1%.

Avant de porter notre attention sur la Grande Dépression, un bref examen des causes de la première déflation majeure doit être considéré. Afin de contrôler les prix, une réunion bancaire secrète eut lieu le 18 mai 1920 à Washington D. C. placée sous le titre trompeur de Comité Méthodique de la Déflation de l'Association des Banquiers Américains.[207] Sur ordre de la Réserve Fédérale, sans préavis ni avertissement, le taux d'escompte passa rapidement de 2% à 9% et au-delà. Simultanément, la Réserve Fédérale commença à vendre agressivement des bons du trésor, réduisant leur valeur de 20%. La chute des prix des bons du trésor réduisit la valeur des réserves des banques, qui furent forcées d'exiger le remboursement des emprunts. Cela provoqua une « liquidation terrible de tous les produits agricoles »[208] et les « prix agricoles dégringolèrent, atteignant leur plus bas niveau en provoquant la ruine des exploitants. »[209]

En même temps, les compagnies de fret, qui possédaient les plus grands monopoles tels les

---

[207] G. M. Coogan, *Money Creators, Who Creates Money ? Who Should Create it ?* Omni Publications, Hawthorne, Californie, 1963, (publié pour la première fois en 1935), p. 62.
[208] Ibid., p. 62.
[209] Ibid., p. 62.

Harrimans, augmentèrent leurs tarifs routiers à tel point que dans certains états, le coût du transport surpassait le coût de production. L'index de production des fermes s'écroula de plus de la moitié, passant de 244 à 117, un an plus tard en mai 1920. Beaucoup de fermiers furent ruinés car leurs frais généraux restèrent inchangés mais leurs charges financières s'envolèrent.

Les pouvoirs illimités que la Réserve Fédérale possède lui ont permis de réduire la masse monétaire des États-Unis et le crédit des États-Unis de $2 milliards, ce qui eut pour résultat de « réduire les prix de moitié et de faire régner la détresse et la confusion. »[210] Cette politique fut délibérément appliquée[211] afin d'appauvrir le secteur agricole[212] en transférant l'argent issu du monde rural vers les centres urbains, tout en réduisant au passage l'autosuffisance alimentaire de l'Amérique, la rendant ainsi vulnérable aux intrigues et aux caprices des escrocs et des spéculateurs financiers.[213]

En juillet 1921, la Réserve Fédérale inversa cette politique en procédant à des rachats massif de bons du trésor. Cependant, les dommages subis par les banques agricoles ne purent être réparés, et les produits agricoles restèrent sous le coup d'une dépression artificielle,

---

[210] A. N. Field, *The Truth About The Slump*, autopublication, Nelson, Nouvelle-Zélande.
[211] Ibid., p. 200.
[212] L'effondrement délibéré du secteur agricole américain peut être comparé à la destruction de la production agricole dans les années 30 en Ukraine (mot russe pour désigner la frontière) par Staline et l'Holodomor (terme russe pour l'extermination par la famine) qui devait suivre et au cours duquel six million de Koulaks (mot russe signifiant poing) furent soit exécutés ou périrent affamés.
[213] A. N. Field, op. cit., p. 204.

certains d'entre eux étant même vendus à des prix inférieurs à leurs coûts de production.

En août 1927, les conspirateurs possédant et dirigeant la Réserve Fédérale décidèrent qu'il était temps de créer une nouvelle « bulle ». Malgré les protestations de 11 Banques Fédérales sur 12, qui en avaient perçu les dangers, elles se virent ordonner de baisser leurs taux de réescompte et de s'embarquer dans un programme de rachat massif de bons du trésor (l'équivalent moderne de l'actuel assouplissement quantitatif), pour accroitre la masse monétaire.[214]

Très peu de cette monnaie créée *ex nihilo* fut assigné à des investissements productifs, mais fut injecté sur les marchés boursiers, où le ratio cours/bénéfice[215] se retrouva bientôt à 20 et dans certains cas à 50. Les médias et les « économistes » vendus, annoncèrent la venue d'une « nouvelle ère » de prospérité permanente et attisèrent à dessein les flammes de la spéculation, tandis que 16 millions d'américains sur une population adulte de 73 millions, achetaient et vendaient des actions.

Le 9 mars 1929, le franc-maçon Paul Warburg, le créateur de la Banque de Réserve Fédérale, conseilla à tous les banques membres, ainsi qu'au Secrétaire au Trésor, un compère maçon, Andrew Mellon, de sortir du marché boursier ou de vendre à découvert. Il les informa que s'ils agissaient immédiatement, ils

---

[214] G. M. Coogan, op. cit., p. 67.
[215] Le ratio est calculé en divisant le prix des actions par le rendement par action.

réaliseraient d'énormes profits car l'index Dow Jones était sur le point de s'effondrer.

Le 24 octobre 1929, la Réserve Fédérale décida de mettre un terme à cette orgie de spéculation et de commencer leur escroquerie à grand échelle. Le taux de réescompte passa soudain à 6%. De partout, des milliers d'ordres furent envoyés à la Bourse de New York, de vendre au « prix du marché », un stratagème typique utilisé par les spéculateurs pour effondrer les cours rapidement. La confiance s'évapora tout à coup et la première Grande Dépression planifiée se déclencha. Le point décisif fut atteint six jours plus tard, le 30 octobre 1929, lorsque la Réserve Fédérale ordonna la contraction des emprunts consentis aux courtiers pour un montant de $2,3 millions. Le marché boursier dévissa et en décembre 1932, la valeur des titres cotés avait chutée de 83,1%, étant passée de $89 milliards à $15 milliards.

Les conséquences économiques et sociales de cette implosion furent dévastatrices. Sur 24,000 banques, 10,000 firent faillites, laissant leurs déposants ruinés. 200,000 sociétés déposèrent le bilan et 8,3 millions de personnes furent jetées à la rue. Dans les 3 ans qui suivirent, 24,9%[216] de la population active fut au chômage. Le revenu national des États-Unis diminua de 40,7%, passant de $81 milliard en 1927, à $48 milliard en 1932. Pendant les années de dépression, on estime que trois millions de personnes moururent de faim. Les causes principales furent la malnutrition, les maladies

---

[216] La Société des Nations, World Economic Survey: Eighth Year, 1938/1939 (Genève, 1939) p. 128.

infectieuses, et le suicide.

En se référant à la chute de la bourse de New York qui avait déclenché la dépression, le député membre du Congrès, Louis T. McFadden déclara avec précision : « il s'agit d'un évènement soigneusement provoqué… Les banquiers internationaux[217] cherchaient à créer des conditions désespérantes afin de mieux émerger comme les dirigeants suprêmes de nous tous. »[218]

A. N. Field dénonça l'inutilité des banques centrales et les buts pervertis pour lesquels elles ont constamment été utilisées :

> « Les banques centrales comme moyen de prémunir les crises financières ont ainsi fait la démonstration de leur échec total aux États-Unis. Ce fait n'a nullement joué en défaveur de l'établissement des banques centrales au sein de tous les pays. Il a été prétendu que les financiers aux commandes de la Réserve Fédérale des États-Unis ne veulent pas de conditions stables, et que les bulles et les récessions sans précédent qui se sont succédées depuis sa création, ont été causées délibérément. Il est du moins certain que ceux qui contrôlent le système, ont opposé les objections les plus fermes face à quiconque ayant tenté de faire en sorte que le Congrès promulgue des lois pour forcer la Réserve Fédérale à faire usage de son

---

[217] Au cours des années 1920 et 1930, le terme de « banquiers internationaux » était une expression commune utilisée pour désigner les banquiers Juifs. Un autre euphémisme employé était celui de « financiers cosmopolites ».
[218] A. N. Field, op. cit., p. 202.

immense pouvoir afin de maintenir le pouvoir d'achat de sa monnaie à un niveau stable. »[219]

Dans un article de journal du *Financial Times*, écrit en 1930, le professeur Karl Gustav Cassel[220] de l'Université de Stockholm, fit remarquer : « Un pouvoir absolu sur le bien-être du monde a pratiquement été placé entre les mains du Conseil d'administration de la Réserve Fédérale. Et on ne peut qu'être consterné en voyant la manière aux apparences aléatoires dont ces administrateurs utilisent ce pouvoir, et combien il est contraire aux exigences qui devraient guider la politique monétaire de l'Amérique. »[221]

Arrêtons-nous un moment pour retranscrire le discours tonitruant prononcé le vendredi 10 juin 1932 à la Chambre des Représentants par l'ancien président de la Commission Bancaire et Monétaire (1920-1931), l'honorable Louis T. McFadden :[222]

> « M. le président, nous avons dans ce pays une des institutions les plus corrompues que le monde ait jamais connue. Je fais référence au Conseil d'administration de la Réserve Fédérale et aux

---

[219] A. N. Field, *All These Things*, Omni Publications, Hawthorne, Californie, 1936, p. 121-122.
[220] Le professeur Cassel était un membre fondateur de la *Handelshögskolen i Stockholm* (l'École d'Économie de Stockholm). L'école était fondamentalement opposée à l'étalon-or défendu par l'École Économique Autrichienne.
[221] A. N. Field, *The Truth About The Slump*, p. 118.
[222] *'Collective Speeches of Congressman Louis T. McFadden'*, Omnia Publications, Hawthorne, Californie, 1970, Chapitre XVI, La Conduite Traîtresse et Déloyale de la Réserve Fédérale et des Banques de Réserves Fédérales, p. 298-329.

Banques de Réserve Fédérales.

Ce conseil d'administration, un organe du gouvernement, a escroqué le gouvernement des États-Unis et le peuple américain d'un montant suffisant pour rembourser la dette nationale. Les ravages et les injustices du Conseil d'administration de la Réserve Fédérale et des Banques de Réserve Fédérales, agissant de concert, ont coûté à ce pays suffisamment d'argent pour rembourser plusieurs fois la dette publique. Cette institution maléfique a appauvri et ruiné le peuple des États-Unis ; s'est mise en faillite elle-même, et a pratiquement mis notre gouvernement en faillite. Elle a accompli cela à travers les failles de la loi sous laquelle elle opère, à travers la mauvaise application de cette loi par le Conseil d'administration, et à travers les pratiques corrompues des riches vautours qui le contrôle.

Certains pensent que les Banques de Réserves Fédérales sont des institutions du gouvernement des États-Unis. Il n'en est rien. Elles sont des monopoles privés sur le crédit qui exercent leur prédation sur le peuple des États-Unis pour leur propre bénéfice et celui de leurs clients étrangers ; les spéculateurs et les escrocs, ainsi que les riches prêteurs de deniers prédateurs. Cette sombre clique de pirates financiers abrite des gens qui trancheraient la gorge d'un homme pour lui faire les poches ; ce sont eux qui inondent les états d'argent pour acheter les votes et contrôler notre législation ; et ce sont eux qui maintiennent une propagande internationale afin de nous tromper et de nous forcer à leur accorder davantage de concession qui leur permettra de couvrir leurs méfaits passés et de perpétuer leur gigantesque organisation criminelle.

Ces 12 monopoles du crédit furent déloyalement et trompeusement imposés à ce pays par des banquiers venus d'Europe qui nous ont remerciés pour notre hospitalité en sabotant nos institutions américaines. Ces banquiers ont utilisé l'argent de ce pays pour financer le Japon dans sa guerre contre la Russie. Ils ont créé un règne de la terreur en Russie avec notre argent, afin de prolonger cette guerre, ils ont été les artisans de la paix séparée entre l'Allemagne et la Russie, ce qui a semé la discorde entre les alliés pendant la Guerre Mondiale. Ils ont financé les rassemblements de masse de Trotski à New York, afin de répandre le mécontentement et la rébellion. Ils ont payé le voyage de Trotski depuis New York jusqu'en Russie, pour qu'il puisse participer à la destruction de l'Empire Russe. Ils ont fomenté et provoqué la Révolution Russe et ils ont placé des sommes considérables à disposition de Trotski dans l'une de leur succursale bancaire de Suède, pour qu'à travers lui les foyers russes soient complètement brisés et que les enfants russes soient séparés de leurs protecteurs naturels. Ils ont depuis commencé leur entreprise de destruction des foyers américains et la dispersion des enfants américains.

Il a été déclaré que le président Wilson avait été trompé par l'attention prodiguée par ces banquiers et par les positions philanthropiques qu'ils adoptaient. Il a été dit que lorsqu'il découvrit la manière dont il avait été induit en erreur par le Colonel House, il se sépara de cet ingérant, ce « saint moine » de l'empire financier, et lui montra la porte. Il eut le courage de faire ça, et selon moi, il fit preuve d'un grand mérite.

Le président Wilson est mort en victime abusée. Lorsqu'il atteignit la présidence, il était doté de certaines qualités d'esprit et de cœur qui lui permirent d'occuper de hautes fonctions au sein de cette nation ; mais il n'aspira jamais à devenir banquier. Il a toujours dit qu'il savait peu de choses sur le système bancaire. Ce fut ainsi sur les conseils d'autrui que la loi sur la Réserve Fédérale, l'arrêt de mort de la liberté américaine, fut votée sous son administration.

M. le président, il ne devrait pas y avoir de partialité lorsqu'il s'agit des affaires bancaires et monétaires de ce pays, et je parle sans la moindre.

En 1912, l'Association Monétaire Nationale, sous la présidence de feu le Sénateur Nelson W. Aldrich, présenta un rapport, en préparation à la loi connue sous le nom de Loi de Réserve Nationale. Cette loi est plus connue sous le terme de Loi Aldrich. Le Sénateur Aldrich n'a pas rédigé la Loi Aldrich. Il fut l'instrument, non pas le complice, des banquiers européens [Juifs] qui depuis presque 20 ans planifiaient de mettre en place une banque centrale dans ce pays et qui en 1912 avaient dépensé et continuaient de dépenser de larges sommes d'argent pour atteindre leur objectif.

La Loi Aldrich fut dénoncée suite à la nomination de Théodore Roosevelt en 1912, et la même année, lorsque Woodrow Wilson fut nommé, le Parti Démocrate tel qu'adopté par la Convention de Biltmore, déclara expressément : « Nous sommes opposés au plan Aldrich de banque centrale. » Tout ceci relève d'un discours clair et sans équivoque. Les dirigeants du Parti Démocrate ont alors promis au peuple que s'ils étaient élus aux responsabilités, il n'y aurait pas de banque centrale établie tant qu'ils tiendraient les rênes du gouvernement. Treize mois plus tard, cette promesse fut rompue, et l'administration Wilson, sous la tutelle de ces sinistres figures de Wall Street se tenant derrière le Colonel House, a établi dans notre pays libre l'institution monarchique véreuse de la « banque du roi » pour nous contrôler et nous asservir du berceau à la tombe. La Loi de la Réserve Fédérale a détruit notre manière ancestrale de faire des affaires ; elle fait preuve de discrimination à l'égard de nos effets de commerce reposant sur un nom,[223] le modèle le plus avancé au monde ; elle a remis en place l'antique double dénomination,[224] qui représente la malédiction actuelle de ce pays, et qui a ravagé tous les pays qui l'ont mise en pratique ; elle a imposé à ce pays la même tyrannie dont les pères de la Constitution cherchaient à nous prémunir.

---

[223] Un contrat commercial, ou un billet à ordre ne comportant qu'une seule signature.
[224] Un contrat commercial signé par deux personnes attestant de leur pleine responsabilité.

Une des plus grande bataille pour la préservation de cette République se déroula ici-même du temps de Jackson, lorsque la Seconde Banque des États-Unis, qui fut fondée sur les mêmes faux principes que ceux exemplifiés dans la Loi de Réserve Fédérale, fut mise hors d'état de nuire. Après la chute de la Seconde Banque des États-Unis en 1837, le pays fut averti des dangers inhérents au fait de laisser des intérêts animés d'intentions prédatrices revenir déguisés, après les avoir rejetés, en les laissant se lier au pouvoir exécutif, et à travers lui de parvenir à acquérir le contrôle du gouvernement. C'est pourtant ce que firent ces mêmes intérêts, lorsqu'ils revinrent habillés d'intentions hypocrites et parvinrent sous de faux prétextes à faire passer le vote de la Loi de Réserve Fédérale.

Le danger contre lequel le pays fut averti et à présent sur nous, et nous présente la longue suite d'horreurs qui accompagne les affaires traitresses et malhonnêtes du Conseil d'administration de la Réserve Fédérale et de ses banques affiliées. Regardez autour de vous lorsque vous quitterez cette pièce et vous en verrez partout les preuves. Cette ère de misère économique est entièrement imputable à la Réserve Fédérale. C'est une époque de crimes financiers, et dans le financement de ces crimes, la Réserve Fédérale ne joue pas le rôle d'un spectateur désintéressé.

Le peuple des États-Unis est en train d'être gravement trompé. S'il ne l'est pas, alors j'ignore ce que signifie le fait de « tromper les gens ». Ils ont perdu leurs emplois. Ils ont été dépossédés de leurs maisons. Ils ont été expulsés de leurs locations. Ils ont perdu leurs enfants. Ils ont été abandonnés à la mort par manque d'abri, de nourriture, de vêtements et de médicaments.

La richesse des États-Unis et sa productivité lui ont été confisquées et tout cela repose soit dans les coffres de certaines banques et grandes corporations ou a été exporté en pays étranger pour le bénéfice de ces clients étrangers, de ces banques et de ces corporations. En ce qui concerne le peuple américain, la coupe est pleine. Il est vrai que les entrepôts et les dépôts de charbon, ainsi que les silos de céréales sont pleins, mais les entrepôts et les silos sont cadenassés et les grandes banques ainsi que les corporations en détiennent les clefs.

Le pillage des États-Unis par la Réserve Fédérale et ses acolytes est le plus grand crime de l'histoire.

M. le président, la Chambre des Représentant fait aujourd'hui face à une situation sérieuse. Nous sommes les représentants du peuple et les droits du peuple sont en train de lui être confisqués. À travers la Réserve Fédérale et ses banques affiliées, le peuple est privé des droits qui lui sont garantis par la Constitution. Leurs biens ont été confisqués sans même un processus légal. M. Le président, la décence exige que nous examinions les comptes du gouvernement afin d'y déceler les crimes contre le bien public qui ont été ou sont en train d'être commis.

Ce dont il est besoin, est d'un retour à la Constitution des États-Unis. Nous avons besoin d'opérer un divorce complet entre les banques et l'État. La lutte ancestrale qui se déroula ici du temps de Jackson doit être à nouveau combattue. L'indépendance du Trésor des États-Unis doit être restaurée et le gouvernement devrait conserver son propre argent sous clef au sein du bâtiment fourni par le peuple à cet effet. Nous devons nous débarrasser de la monnaie papier, l'instrument des escrocs.

Le gouvernement devrait acquérir de l'or et émettre la monnaie uniquement basée sur les réserves qu'il détient. La gestion des affaires devraient être restituée aux banquiers indépendants. Le système bancaire étatique devrait être libre de toute entrave. Les districts de la Réserve Fédérale devraient être abolis et les frontières des états respectées. Les réserves bancaires devraient être maintenues au sein de l'état dont les citoyens sont les créditeurs, et cette monnaie de réserve du peuple devrait être protégée afin que les banquiers internationaux ne puissent pas s'en emparer. Tous les échanges devraient être interrompus pendant que nous mettons nos affaires financières en ordre. La Loi de Réserve Fédérale et les banques de Réserve Fédérale ayant violé leur charte devraient être immédiatement liquidées.

Les fonctionnaires gouvernementaux déloyaux qui ont violé leurs serments devraient être destitués et traduit en justice. À moins que cela ne soit fait, je prédis que le peuple américain, indigné, volé, pillé, insulté et trahis sur son propre sol, se révoltera et dans sa colère enverra ici un président qui chassera les marchands du temple. » [Applaudissements]

À partir du discours qui précède, il sera noté que les inquiétudes soulevées par le Parti Travailliste en Afrique du Sud, au cours du débat sur la Loi Bancaire et Monétaire Sud-Africaine, qui « avait été conçue aux USA et n'était pas au service de l'intérêt du peuple, mais des banques »,[225] étaient ainsi pleinement justifiées. Le fait que des législateurs naïfs et ignorants aient permis en 1920 l'instauration de la Banque Centrale d'Afrique du Sud, de s'établir sur le modèle de la Réserve Fédérale américaine, que le membre du Congrès McFadden a décrite comme étant « une des institutions les plus corrompues et malfaisantes au monde », est un fait profondément regrettable et doit être condamné en des termes non équivoques.

---

[225] *Cape Times*, 28 juillet 1920.

Le membre du Congrès **Louis Thomas McFadden**, fut le président du Comité Bancaire et Monétaire des États-Unis (1920-1931). Ses révélations persistantes sur la gigantesque « organisation criminelle » de la Réserve Fédérale conduisirent à son assassinat, le 1er octobre 1936.

CLIFFORD HUGH DOUGLAS

Clifford Hugh Douglas (1879-1952) était un ingénieur qui, en travaillant comme surintendant adjoint à la Royale Aircraft Factory de Farnborough en Angleterre au cours de la Première Guerre mondiale, remarqua que le coût total des biens était plus élevé que les sommes payées en termes de salaires et de dividendes. Il décida d'enquêter sur ce déséquilibre dans la manière dont l'argent circulait à travers l'industrie, et après avoir collecté les données de centaines de compagnies, il trouva qu'il existait un déficit constant du pouvoir d'achat des consommateurs en rapport avec les coûts totaux de production. Il considérait l'impôt sur le revenu comme un dividende négatif et il proposa à la place, le paiement d'un dividende national à tous les citoyens, qui viendrait combler l'écart entre les revenus et les prix. Ce dividende fournirait aux consommateurs le pouvoir d'achat additionnel nécessaire à absorber toute la production actuelle de biens d'une manière non-inflationniste. Cela fait partie du théorème de Douglas A+B, à savoir que les prix sont toujours augmentés à un taux plus rapide que les revenus ne sont générés, afin que le montant total des prix de tous les biens circulant dans l'économie à n'importe quelle stade, dépasse le pouvoir d'achat total des consommateurs. La théorie économique de Douglas connue sous le nom de Crédit Social[226], défendait le

---

[226] Dans une lettre à H. S. (Jim) Ede, datée du 5 avril 1935, Laurence d'Arabie exprima son opinion sur le schéma de crédit de Douglas, dans l'ouvrage de Maurice Colbourne, *Economic Nationalism* : « L'économie est semblable aux marées. Nous ne parvenons pas à l'exploiter, pourtant elle flue et elle reflue. La chose à faire serait de la cartographier, mais personne ne parvient à distinguer sa lune. » *The Letters of T. E. Lawrence*, édité par D.

transfert à une banque d'état du processus de création monétaire des banques privées ; retirant à ces dernières le privilège de créer l'argent à partir de rien sous forme d'une dette portant à intérêt.

Il proposait également un mécanisme d'ajustement appelé le Juste Prix. Ce mécanisme permettrait de réduire les prix en fonction d'un pourcentage, en relation avec les conséquences de l'augmentation de l'efficacité du processus de production dû aux améliorations technologiques. De cette manière, les bénéfices de la technologie se répercuteraient directement sur les travailleurs et amélioreraient leurs conditions de vie. Douglas était bien conscient du fait que ces avancées technologiques croissantes rendraient l'objectif du plein emploi impossible.

D'où son insistance au sujet du paiement d'un dividende national, calculé en ajoutant au revenu minimum une part de l'équivalent de l'augmentation de la production nationale et des données de consommation.

Après la Première Guerre mondiale, Douglas consacra le reste de sa vie à la promotion de ses idées et donna des conférences dans de nombreux pays, y compris l'Australie, le Canada, le Japon, la Nouvelle-Zélande et la Norvège. Il remporta deux succès notables :

(i)   Le Parti du Crédit Social remporta le contrôle du gouvernement provincial de l'Alberta, au Canada, en 1935.

Garnett, Jonathan Cape, Londres, 1938, p. 866.

(ii) Après une tournée de conférence au Japon en 1929, ses solutions furent adoptées par le gouvernement japonais en 1935.

Les propositions de Douglas étaient extrêmement redoutées par les banquiers internationaux et dans les années 1930, ils consacrèrent une somme considérable de £5 millions[227] afin de contrer son programme largement réussi d'éveil des masses. Douglas n'éprouvait que du dédain à l'égard des banquiers centraux et à une occasion, alors qu'il donnait un discours à Newcastle-upon-Tyne en 1937, il qualifia la Banque d'Angleterre « d'asile psychiatrique. »[228]

Certificat de Prospérité émit par le Parti du Crédit Social, Alberta, 1936

---

[227] D'après le calculateur de l'inflation de la Banque d'Angleterre, £5 million équivalaient à £301 million en 2012.
[228] C. H. Douglas, *Security Institutional and Personal*, un discours donné à l'Hôtel de Ville, Newcastle-upon-Tyne, le 9 mars 1937, p. 6. Ezra Pound, s'exprimant à Radio Rome, le 1er juin 1943, qualifia la Banque d'Angleterre « *d'égout de l'Angleterre* ».

Clifford Hugh Douglas. Ses propositions sur le crédit social et le système bancaire étatique, furent acceptées par le gouvernement de l'Alberta, au Canada et celui de l'Empire du Japon.

IRVING NORTON FISHER

Irving Fisher (1867-1947), était un célèbre professeur d'économie de l'université de Yale, qui avait adopté une approche mathématique pour résoudre les problèmes économiques. Il est connu pour sa théorie de l'utilité, qui juxtapose la mesurabilité de la fonction utilitaire à la théorie de la demande. Dans son traité, *The Theory of Interest/La Théorie des Intérêts*, il observa les changements dans la valeur relative des biens en fonction de la variation des taux d'intérêts dans le temps. Cela devint la Théorie Quantitative de la Monnaie. Tout au long de sa vie, il fut un participant actif du mouvement eugéniste.

En mars 1913, le Sénateur Robert L. Owen, le président du Comité Bancaire du Sénat, essaya de faire passer une loi alternative pour contrer les propositions bancaires et monétaires du tandem frauduleux Rothschild/Rockefeller.[229] La loi aurait permis l'inclusion des produits de première nécessité dans la base monétaire, en sus de l'or et de l'argent et aurait ainsi évité la possibilité d'inflation et de déflation, créant ainsi une véritable liberté sur le marché de l'emploi. Irving Fisher assista Owen dans la rédaction de cette proposition de loi, mais subit par la suite un chantage pour retirer son soutien.

---

[229] Les Rockefellers sont des descendants d'immigrants allemands, possiblement Juifs, qui épelaient leur nom Roggenfelder au cours du moyen-âge, parce que les Juifs n'étaient pas considérés comme faisant partie des citoyens, ils furent forcés par les princes allemands à ajouter le suffixe d'un objet inanimé dans leurs noms de famille. D'où –berg (montagne), -stein (pierre), etc.

Ce paragraphe révélateur est extrait de l'ouvrage d'Emmanuel Josephson, *The Federeal Reserve Conspiracy & Rockefellers « Their Gold Corner »*, et décrit parfaitement ce qui en découla :

> « Les conspirateurs étaient déterminés à empêcher la présentation de la loi Owen. Ils firent convoquer le professeur Fisher devant les dirigeants de Yale et le confrontèrent en qualifiant « d'insensée » sa défense du fait que la monnaie devait être basée et garantie par un équivalent en matières premières autre que l'or. Le sénateur Owen raconte que Fisher fut prévenu qu'il n'y aurait plus de place à Yale, ni au sein d'aucune autre université pour quelqu'un d'aussi « insensé ». Le professeur Fisher était tout à fait conscient de la main qui le nourrissait, et était malheureusement aussi dépourvu de principes que la multitude des « professeurs » prostitués des conspirateurs et de leurs fondations. Il céda à leurs chantages et trahit le sénateur Owen en retirant son soutien professoral à cette loi en forme de remède honnête qu'il avait aidé à rédiger. À sa place, le professeur Fisher prit position en faveur de ce qu'il qualifiait en se moquant de dollar « matière première », dont la valeur devait être déterminée par un « indice or », ce qui devait provoquer une stabilisation de l'économie en donnant à la valeur des matières premières de l'or et du dollar, une base spéculative qui viendrait décupler le pouvoir des conspirateurs de manipuler, ou de « gérer » l'économie pour leur permettre plus facilement d'escroquer la nation. Le

coup de grâce[230] à la proposition de loi monétaire du sénateur Owen fut délivré par le président Wilson lorsqu'il la refusa catégoriquement. »[231]

Le Plan de Chicago de 1933 du professeur **Irving Fisher**, proposant un système bancaire de réserve intégrale, fut approuvé par des chercheurs du Fond Monétaire International en 2012.

En 1920, après avoir cédé et trahi les efforts du sénateur Owen pour réformer la loi bancaire et monétaire, Fisher publia un ouvrage intitulé *Dollar*

---

[230] N.D.T. : en français dans le texte.
[231] E. M. Josephson, *The "Federal" Reserve Conspiracy & Rockefellers, Their "Gold Corner"*, Chedney Press, New York, 1968, p. 51.

Stabilisation,[232] qui contient ce qui devait devenir par la suite le Plan de Chicago.[233] Le plan fut publié de manière privée, sous la forme d'un mémorandum de six pages et distribué à 40 personnes, le 16 mars 1933. Il argumentait que l'État devait prendre en charge la création de la masse monétaire et que les banques privées devaient fonctionner comme des banques de réserves à part entière. Faisant usage de principes mathématiques, Fisher réussit à prouver que le plein emploi en résulterait, les cycles économiques seraient également abolis et l'inflation serait réduite et resterait à zéro.

En août 2012, deux chercheurs du Fond Monétaire International, Jaromir Benes et Michael Kumhoff, présentèrent *The Chicago Plan Revisited / Le Plan de Chicago Revisité*. Ils trouvèrent que chacun des arguments de Fisher étaient à 100% exact. Voici leur conclusion :

> « Cette étude revisite le Plan de Chicago, une proposition pour une réforme monétaire fondamentale qui fut défendue par de nombreux économistes éminents des États-Unis lors des moments les plus critiques de la Grande Dépression. Fisher (1936), dans son résumé brillant

---

[232] A. N. Field, op. cit., p. 169.
[233] Fisher était au courant des avantage d'une monnaie émise publiquement, sans dette ni intérêt, au niveau local en Europe. Dans *Stamp Scrip*, Adelphi Publishers, New York, 1933, il consacra le Chapitre IV à la Première Expérimentation à l'étranger : Silvio Gesell. Gesell introduisit le papier monnaie Wara (*Ware und Währung* – Biens et Devises) dans la ville minière de charbon en crise de Schwanenkirchen, en Bavière. Dans le Chapitre V : La propagation soudaine de « Certificats », il décrit comment les certificats transformèrent la ville en crise de Wörgl, en Autriche, en un centre d'une prospérité florissante.

du Plan de Chicago, prétendit qu'il comportait quatre avantages majeurs, allant d'une plus grande stabilité macroéconomique à un niveau de dette à travers toute l'économie bien moins élevé. Dans cette étude, nous sommes parvenus à rigoureusement évaluer ses arguments, en appliquant les directives du Plan de Chicago sur un modèle monétaire de pointe de type DSGE[234], contenant en miniature un modèle parfaitement calibré et micro-financé, de l'actuel système financier américain. La caractéristique essentielle de ce modèle est que la masse monétaire circulant au sein de l'économie est créée par les banques, à travers de la dette, plutôt que créée sans dette par le gouvernement.

Les analyses et résultats de notre simulation valident entièrement les revendications de Fisher (1936). Le Plan de Chicago pouvait permettre de réduire de manière significative la volatilité des cycles économiques causée par le changement rapide des banques face au risque de crédit, il éliminerait la probabilité des ruées sur la banque et il conduirait à une réduction instantanée du niveau d'endettement public et privé. Il accomplirait cette réduction en rendant à l'état son pouvoir d'émission, qui représente équitablement le bien commun plutôt que la dette, cette dernière étant devenue le principal actif de l'économie, tandis que les banques concentrent leurs efforts à étendre le crédit pour des projets d'investissement qui

---

[234] Dynamic Stochastic General Equilibrium. (La Dynamique Stochastique de l'Équilibre Général).

nécessitent une surveillance et une expertise du risque. Nous pensons que les avantages du Plan de Chicago vont même au-delà des positions défendues par Fisher.

L'un des nombreux avantages additionnels, correspond au gain de productivité occasionné par la suppression ou la réduction de multiples facteurs de distorsion, à savoir les taux d'intérêts des primes de risque, les impôts confiscatoires, et une surveillance aussi coûteuse qu'inutile des risques macroéconomiques. Un autre avantage découle de la capacité à maintenir l'inflation à un taux proche de zéro dans un contexte où le blocage des liquidités n'existe pas, et où le monétarisme devient faisable et souhaitable parce que le gouvernement exerce pleinement le contrôle des agrégats monétaires. Cette capacité de générer et de maintenir l'inflation à taux zéro est un résultat d'une importance primordiale, parce qu'il vient répondre à toutes les prétentions plutôt confuses des opposants au monopole exclusif de l'émission monétaire gouvernementale, prétendant qu'un tel système serait grandement inflationniste. Notre analyse théorique ne contient rien qui puisse confirmer cet argument. Et comme évoqué dans la section II, il n'existe rien dans toute l'histoire monétaire des sociétés antiques des nations occidentales pour le confirmer non plus. »[235]

---

[235] Travaux du FMI, août 2012.
https://www.imf.org/external/pubs/ft/wp/2012/wp12202.pdf

CHAPITRE VI

L'ASCENSION ET LA CHUTE DU SYSTÈME BANCAIRE ÉTATIQUE (1932-1945)

> *« Vous n'êtes pas sans savoir que l'étalon-or a provoqué la ruine des États qui l'ont adopté, car il n'a jamais été capable de satisfaire leur besoin monétaire, étant donné que nous avons retiré l'or de la circulation le plus possible. »*
> - Protocole No. 20[236]

> *« Je prétendais ensuite que l'étalon-or, la fixation des taux de changes et ainsi de suite, n'étaient rien d'autre que du charabia que je n'ai jamais considéré et ne considérerai jamais comme des principes économiques immuables. L'argent, pour moi, était simplement un moyen d'échange pour un travail rendu, et sa valeur dépendait absolument de la valeur du travail accompli. Là où l'argent ne représentait pas un service rendu, j'insistais sur le fait qu'il n'avait pas de valeur du tout. »*
> - Adolf Hitler[237]

---

[236] *Les Protocoles des Sages de Sion*, traduit du russe par Victor E. Marsden, ancien correspondant du *The Morning Post*, en Russie, Londres, 1934, p. 214. (Victor Marsden était le monsieur relations publiques de Son Altesse Royale le Prince de Galles lors de son tour de l'Empire en 1920.)
[237] *Hitler's Table Talk*, réunis par M. Bormann, Ostera Publications, 2012, p. 311.

La Reichsbank : la Banque d'État de l'Allemagne Nationale-Socialiste

À partir du chaos mondial et des ravages économiques des années 1930, qui avaient tous été provoqués par les banques centrales contrôlées par les Rothschild, trois phénix émergèrent.

En mai 1919 un soldat ordinaire assista à une conférence donnée par un ancien ingénieur du génie civil devenu économiste, le Dr. Gottfried Feder (1883-1941), intitulé « Manifeste pour briser les chaines de l'Usure »[238]

Le but de cette série de conférence était de fournir aux soldats des rudiments de politique et d'économie, qui leur permettraient de surveiller les nombreux mouvements politiques révolutionnaires en activité à Munich à cette époque. Les citations suivantes tirées de *Mein Kampf*[239] révèlent l'influence décisive que Feder a exercée sur les idées d'Adolf Hitler.

> « Pour la première fois de ma vie, j'entendais un discours qui traitait des principes boursiers et du capital utilisé par les activités de crédit. Après avoir entendu la première conférence donnée par Feder,

---

[238] En 1917, Feder créa une organisation appelée la *Deutscher Kampfbund gegen Zinsknechtschaft* (Ligue de Combat Allemande pour l'abolition de la Servitude Usuraire). En 1919, il publia son manifeste dans un chapitre intitulé *An Alle, Alle! Das Manifest zur Brechung der Zinsknechtschaft* (Pour tout le monde, à tout le monde ! Le Manifeste pour l'Abolition de la Servitude Usuraire) dans son livre *Kampf gegen die Hochfinanz* (La lutte contre la Haute Finance).

[239] A. Hitler, *Mein Kampf*, 1939, p. 122.

j'eu immédiatement l'idée que je venais de trouver un des prérequis les plus élémentaire pour la création d'un nouveau parti.

> « À mes yeux, le mérite de Feder reposait sur sa manière tranchante et impitoyable de décrire le double caractère du capital boursier et des transactions liées aux emprunts, mettant à nu le fait que ce capital est encore et toujours dépendant du paiement des intérêts. Sur les questions fondamentales, ses déclarations étaient tellement pleines de bon sens, que ceux qui le critiquaient ne niaient jamais *au fond*[240] que ses idées fussent sensées, mais ils doutaient qu'il soit possible de les mettre en application. Pour moi, cela m'apparaissait comme l'élément le plus convaincant des enseignements de Feder, bien que les autres le considère comme une faiblesse. »[241]

Et aussi :

> « Je compris immédiatement que ces préceptes recelaient une vérité d'une importance transcendantale pour l'avenir du peuple allemand. La séparation absolue du capital boursier de la vie économique de la nation, permettrait de s'opposer au processus d'internationalisation du commerce allemand sans pour autant s'attaquer au capital en tant que tel, car cela n'aurait fait que compromettre les fondations de notre indépendance nationale. Je distinguai clairement ce qui était en train de se

---

[240] N.D.T. : en français dans le texte.
[241] Ibid., p. 124.

développer en Allemagne, et je réalisai alors que le combat que nous devions mener n'était pas à l'égard de nations ennemies mais contre le capital international. Dans le discours de Feder, je trouvais un cri de ralliement pour la lutte qui nous attendait. »[242]

Gottfried Feder (1883-1941) qui a conçu toute la politique financière du NSDAP. Il tomba plus tard en disgrâce auprès d'Hitler pour son manque de soutien au projet de ce dernier d'utiliser le carburant synthétique en remplacement du charbon.

---

[242] Ibid., p. 124.

Quelques semaines plus tard, Hitler reçut pour instruction de ses supérieurs militaires d'enquêter sur une association politique appelée le *Deutsche Arbeiterpartei* (le Parti des Travailleurs Allemands). Lors de cette réunion publique qui se déroula le 19 septembre 1919 au Sterneckerbrau Inn de Munich, environ 20 à 25 personnes étaient présentes. L'intervenant principal était Gottfried Feder. Peu après, Hitler rejoignit ce parti et reçut un certificat d'adhésion provisoire portant le numéro sept. Sa première initiative en prenant le contrôle du parti fut de le renommer *Nationalsozialistische Deutsche Arbeiterpartei* (Parti National Socialiste des Travailleurs Allemands).

Feder qui était le principal rédacteur des 25 principes fondateurs du parti, devint l'architecte et le théoricien de son programme. En juillet 1933, il fut nommé sous-secrétaire d'état aux affaires économiques et en 1934 *Reichskommissar* (Commissaire du Reich).

L'hyperinflation allemande – Des travailleurs recevant leur paye dans des paniers à linge en 1923.

La réforme monétaire était la quintessence du National-Socialisme comme le révèle les extraits suivants du *Programme du NSDAP, Le Parti National Socialiste des Travailleurs Allemands et ses Conceptions Générales*[243] publié à Munich en 1932.

Adolf Hitler fit imprimer ses deux objectifs principaux en gros caractères :

« L'INTÉRÊT COMMUN AVANT SOI-MÊME – L'ESPRIT DU PROGRAMME L'ABOLITION DE LA SERVITUDE DES INTÉRÊTS – LE CŒUR DU NATIONAL-SOCIALISME.

« Une fois que ces deux préceptes seront accomplis, ils démontreront le caractère victorieux de leur teneur universelle ordonnant la société en oblitérant l'actuelle séparation de l'état, de la nation et de l'économie sous l'influence corruptrice des théories individualistes en vigueur. L'imposture règne aujourd'hui. Les classes laborieuses sont opprimées, les gains frauduleux des banquiers et des spéculateurs sont protégés, permettant un enrichissement privé irresponsable, au détriment de toute stabilité politique ; de toute pensée élevée au sein du peuple, et en l'absence du moindre lien moral supérieur et du moindre sentiment d'union. Le pouvoir de l'argent, le plus impitoyable de tous les pouvoirs, détient le contrôle absolu et exerce une influence corruptrice et destructrice sur l'état,

---

[243] G. Feder, *Le Programme du NSDAP, Le Parti National Socialiste des Travailleurs allemands et ses Conceptions Générales*, Munich, 1932, p. 51.

la nation, la société, la morale, le monde culturel, et sur toutes les questions de mœurs moins aisées à estimer.[244]

« Briser la servitude des intérêts usuraires est notre cri de guerre.[245] Qu'entendons-nous par la servitude de l'usure ? Le propriétaire terrien est sous ce joug, qui doit recourir à des emprunts pour financer son exploitation agricole, des emprunts dotés d'un taux d'intérêts si élevé, qu'il accapare pratiquement tout le produit de son labeur, ou qui se voit forcé de contracter des dettes et de trainer les hypothèques comme autant de laisses invisibles. Il en est de même du travailleur, produisant au sein des magasins et des usines pour une pitance, tandis que l'actionnaire tire des dividendes et des bonus pour lesquels il n'a pas eu à travailler. Ainsi est la classe moyenne, dont le produit du travail sert presque entièrement à payer les intérêts des découverts bancaires.[246]

« Le joug des intérêts est la véritable expression des antagonismes, capital/travail, sang/argent, travail créatif/exploitation. La nécessité de briser ce joug est d'une telle importance pour notre nation et notre race, que sur elle seule repose l'espoir de la nation de s'extirper de la honte et de l'esclavage ; en fait l'espoir de retrouver le bonheur, la prospérité et la civilisation à travers le monde. Il s'agit du pivot autour duquel tout tourne ; il s'agit

---

[244] Ibid., p. 21.
[245] Ibid., p. 25.
[246] Ibid., p. 26.

de bien plus que de la simple nécessité découlant d'une politique financière. Bien que ses principes et conséquences soient profondément impliqués dans la vie économique et politique, il s'agit d'une question primordiale pour toute étude économique, et elle affecte ainsi chaque individu et demande donc une décision de chacun d'entre eux : servir la nation ou s'enrichir de manière illimitée. Elle représente une solution à la Question Sociale.[247]

Notre principe financier : les finances doivent servir l'intérêt de l'État ; les magnats financiers ne doivent pas former un état dans l'état. D'où notre but de briser les chaines de l'usure.

De soulager l'état, et ainsi toute la nation, de son endettement auprès des grandes maisons financières, qui prêtent à intérêts.

La nationalisation de la Reichsbank et des banques d'émission prêtant à intérêts.

Fournir l'argent nécessaire aux grands projets publics (l'énergie hydraulique, les chemins de fer, etc.), non au moyen d'emprunts, mais en émettant des bons du trésor sans intérêt et sans l'utilisation d'argent liquide.

L'introduction d'un étalon monétaire fixe sur une base stable.

La création d'une banque d'affaire nationale

---

[247] Ibid., p. 27.

(réforme monétaire) pour accorder des emprunts sans intérêt.

Un remodelage fondamental du système fiscal sur des principes socioéconomiques. Soulagement du consommateur du fardeau de la taxation indirecte, et du producteur de la fiscalité paralysante et confiscatoire (réforme et exonération fiscale).[248]

L'impression irresponsable de billets de banque, sans création nouvelle de valeur ajoutée, entraine l'inflation. Nous la subissons tous. Mais la conclusion correcte est que l'émission de bons du trésor sans intérêt par l'état ne peut pas générer de l'inflation, si de la valeur ajoutée est nouvellement créée, en même temps.

Le fait qu'aujourd'hui, les grandes entreprises ne puissent pas se remettre sur pied sans recourir à des emprunts est une pure folie. C'est ici que l'utilisation raisonnable du droit régalien de battre monnaie peut produire les résultats les plus bénéfiques. »[249]

Le 30 janvier 1933, les Nationaux Socialistes furent catapultés au pouvoir[250] au moyen d'une coalition entre

---

[248] Ibid., p. 30.
[249] Ibid., p. 43.
[250] Au élections du 6 novembre 1932, les Nationaux Socialistes obtinrent 11,737,398 votes, soit 33,1%. Lors des élections du 5 mars 1933, les suffrages reçus par le NSDAP passèrent à 17,277,180, soit 43,9% du vote populaire. Aux élections du 12 novembre 1933 qui se déroulèrent sous forme de référendum, le NSDAP recueillit 39,655,224, ou 92,1% du vote total sur une proportion de 95,3% des votants.

le *Regierung der Nationalen Konzentration* (Gouvernement de la Concentration Nationale) et le *Deutschnationale Volkspartei* (le Parti National du Peuple Allemand). Une version plutôt aseptisée de la réforme monétaire fut mise en place. Afin de financer les travaux de l'état et les programmes de réarmement, deux sociétés fictives appelées *Gesellschaft für Öffentliche Arbeiten* (Offa) et *Metallforschung Gesellschaft* (Mefo), furent établies. Ces corporations acceptaient des lettres de créances de la part des fournisseurs qui honoraient les commandes de l'état. Ces lettres de créances étaient alors actualisées auprès de la Reichsbank à un taux de 4%. Elles n'étaient émises que pour seulement trois mois, ce qui était clairement insatisfaisant au regard de la nature sur le long terme des divers projets qu'elles finançaient. Elles pouvaient, cependant, être prolongées à trois intervalles mensuels pour une durée allant jusqu'à cinq ans.

En janvier 1939, les choses s'envenimèrent lorsque le président de la Reichsbank, Hjalmar Schacht, refusa de prolonger des Offa et des Mefo d'une valeur de trois milliards, craignant ainsi de provoquer « l'inflation ». Le 7 janvier 1939, Schacht envoya à Hitler un mémorandum signé de sa main et par les huit autres membres du conseil d'administration de la Reichsbank, contenant les principaux points suivant :

1) Le Reich doit seulement dépenser le montant couvert par les impôts.
2) L'entier contrôle financier doit être restitué au ministère des finances. (Alors forcé de payer toutes les dépenses militaires).
3) Le contrôle des prix et des salaires doit être rendu effectif. La mauvaise gestion actuelle doit

cesser.

4) L'usage du marché monétaire et d'investissement doit demeurer l'entière prérogative de la Reichsbank. (Cela signifiait l'élimination pratique du Plan Quadriennal de Göring.)[251]

Schacht conclut son mémorandum par des termes ambigus : « Nous serions heureux de collaborer le mieux possible avec tous les objectifs futurs, mais à présent le temps est venu de marquer un arrêt. »[252]

Par le recours à ces moyens, l'intention de Schacht était de faire s'écrouler l'économie allemande,[253] qui durant la période 1933-1939 avait augmenté son Produit Intérieur Brut de 100 pour cent. D'une nation ruinée en janvier 1933, avec 7,500,000 chômeurs, [254] Hitler avait transformé l'Allemagne en un paradis socialiste moderne. Il était à juste titre en colère et rejeta les recommandations de la Reichsbank, les qualifiant de

---

[251] E. N. Peterson, *Hjalmar Schacht: for and against Hitler: A political-economic study of Germany, 1923-1945*, The Christopher Publishing House, Boston, 1954, p. 179.

[252] J. Weitz, *Hitler's Banker Hjalmar Horace Greely Schacht*, Little, Brown and Company, Londres, 1999, p. 17.

[253] Ibid., p. 343. Une indication pour connaitre à l'égard de qui s'exerçait réellement la loyauté de Schacht, fut révélée lors de ses funérailles quelques jours après sa mort à l'âge de 93 ans, le 4 juin 1970. Une des couronnes sur son cercueil comportait une carte, mentionnant : « Au compagnon des jours difficiles – Fondation du 20 juillet. » Les membres de cette organisation avait tenté sans succès d'assassiner Hitler, le 20 juillet 1944.

[254] Sur les 7,500,000 personnes sans emploi, 5,575,492 étaient inscrites au chômage, tandis que 4,000,000 d'autres étaient employées à temps partiel. *Statistical Year-Book of the League of Nations*, 1940, Genève, p. 70. Voir aussi B. R. Mitchell, International Historical Studies, Europe 1750-1993, Quatrième édition.

« mutinerie ».[255] Deux semaines plus tard, Schacht fut licencié. Roger Elletson décrit ce moment mémorable : « Le 19 janvier 1939, Schacht fut renvoyé sans préavis, et la Reichsbank reçut l'ordre d'accorder au Reich tous les crédits demandés par Hitler. Cette action décisive émascula d'un coup le contrôle de la Reichsbank sur la politique monétaire nationale, et la base de pouvoir allemande de la juiverie internationale. Les banquiers Juifs venaient de se voir retirer le pouvoir de dévaluer et de détruire l'économie allemande.

À part les implications des intérêts payés sur les Mefo, l'Allemagne pouvait maintenant se considérer comme fonctionnant entièrement sous le « système de Feder », plutôt que sous le « système Schacht ». La Reichsbank devient une arme efficace du gouvernement, le seul changement étant que les lettres de changes étaient à présent monétisées, ou remboursées, sous les hospices de l'État plutôt que par un laquai Juif à la présidence de la Reichsbank.[256] Ainsi, en janvier 1939, la Reichsbank devint une authentique Banque d'État. La démission de Schacht mit également fin au transfert d'informations confidentielles concernant tous les développements économiques de l'Allemagne,[257] qui avaient été données

---

[255] D. Marsh, *The Bundesbank: The Bank That Rules Europe*, William Heinemann Ltd, Londres, 1992, p. 119.

[256] R. E. Elletson, *Monetary Parapometrics: A Case Study of the Third Reich*, Christian International Publications, Wilson, Wyoming, 1982, p. 57.

[257] D. Irving, *The War Path: Hitler's Germany 1933-1939*, Macmillan, Londres, 1978, p. 172. Note : « Montagu Norman, gouverneur de la Banque d'Angleterre, déclara à l'ambassadeur américain Joseph Kennedy, que Schacht avait été son informateur permanent pendant 16 ans, au sujet des conditions financières précaires de l'Allemagne (l'ambassadeur Joseph Kennedy reporta cela à Washington, le 27 février 1939). En 1946, Norman essaya d'intercéder pour Schacht à Nuremberg à travers un frère maçon

sans interruption à Montagu Norman,[258] un frère maçon et Gouverneur de la Banque d'Angleterre (1920-1944).

Une nouvelle loi sur la Reichsbank promulguée le 15 juin 1939, rendit la banque **« inconditionnellement subornée à la souveraineté de l'état. »**[259]

L'article 3 stipulait que la banque, renommée la *Deutsche Reichsbank*, devait être « dirigée et gérée sur instructions et sous la supervision du Führer et du Chancelier du Reich. »[260] Hitler était à présent son propre banquier, mais s'étant désolidarisé des escrocs et des usuriers internationaux, il devait, tout comme Napoléon Bonaparte, qui en 1800 avait établi la Banque de France comme une banque d'état, subir le même sort ; une guerre inutile s'en suivit qui amena la ruine de son peuple et de son pays. Ce fut cet évènement qui déclencha la Deuxième Guerre mondiale – les Rothschild ayant réalisé que la reproduction universelle du système bancaire étatique sans usure de l'Allemagne,

---

britannique de l'équipe du procureur, Harry Phillimore (Schacht était lui aussi franc-maçon). L'équipe américaine rejeta catégoriquement les avances de Phillimore, mais le juge anglais, Birkett accorda l'acquittement. » Voir aussi D. Irving, *Nuremberg The Last Battle*, Focal publishers, Londres, 1996, p. 271-272. Montagu Norman était aussi le parrain du plus jeune arrière-petit-fils de Schacht, Norman. Voir la visite de M. Norman à Berlin, *The Glasgow Herald*, 5 janvier 1939, deux jours avant que Schacht envoi son mémorandum insolent à Hitler.

[258] Montagu Norman était un personnage subreptice, qui adoptait un mode de déplacement de type cape et d'épée, et fut même une fois aperçu émergeant de l'écoutille de chargement d'un cargo. Outre l'utilisation du nom-de-plume déjà mentionné, de Professeur Skinner, il se servait occasionnellement de son deuxième prénom Collet comme nom de famille.

[259] D. Marsh, op. cit., p. 128.

[260] Ibid., note 40, p. 300.

détruirait à jamais leur empire financier maléfique. Afin d'octroyer carte blanche aux Polonais, ce qui devaient leur permettre de s'opposer et de provoquer les Allemands, une offre trompeuse et sans valeur[261] fut faite par la Grande-Bretagne afin de garantir la souveraineté de la Pologne, le 31 mars 1939.

Le « **Wilhelm Gustloff** » (24,484 tonnes brutes), baptisé du nom du dirigeant des Nationaux Socialistes Suisses. Faisant partie du programme *Kraft durch Freude* (l'effort dans la joie), les travailleurs allemands gagnant

---

[261] Il s'agissait d'un chèque en blanc qui avait toute les chances d'être rejeté, car l'Angleterre était seulement préparée à venir au secours de la Pologne en cas d'invasion allemande en Pologne ou d'une invasion polonaise de l'Allemagne, mais nullement s'il s'agissait de l'Union Soviétique. Les polonais étaient inconscients de cette éventualité. Les Soviétiques finirent par annexer de très loin la portion la plus importante de la Pologne, à savoir 77,300 miles au carré, à comparer avec les 49,800 miles au carré restituées à l'Allemagne. Le Secrétaire d'État Ernst von Weizsäcker cité par D. L. Hoggan, *The Forced War: When Peaceful Revision Failed*, Institute for Historical Review, Costa Mesa, Californie, 1989, p. 391, décrivant avec dédain la « La garantie Britannique à la Pologne était semblable au fait de donner du sucre à un enfant en bas âge livré à lui-même ! »

moins de RM300 par mois, purent se permettre d'embarquer sur des croisières pour des destinations exotiques. Cependant, ces navires de croisières se virent interdire l'entrée dans les ports britanniques par crainte de générer des troubles et de l'envie parmi les travailleurs britanniques démunis et sans emploi.

L'intérieur du « Wilhelm Gustloff »

En septembre 1939, la **Reichsautobahn** couvrait 3,862 km. Elle n'était pas esthétiquement conçue pour servir dans un but utilitaire, mais pour fournir à l'automobiliste une vision saisissante des paysages.

Au cours des cinq mois suivants, le gouvernement polonais intensifia progressivement l'oppression, le harcèlement et les attaques sur la population allemande de 1,5 million vivant en Pologne. Ces attaques,[262] au cours desquelles 58,000 civils allemands furent tués par les polonais dans des accès ponctuels de sauvagerie, culminèrent dans le massacre de Bromberg, le 3 septembre 1939, qui fit 5,500 victimes. Initialement, ces provocations et atrocités furent ignorées stoïquement. Finalement, Hitler fut obligé d'avoir recours à une intervention militaire pour protéger les allemands de Pologne. Le 30 août 1939, par un acte digne d'un homme d'état, Hitler formula à nouveau au gouvernement polonais, les propositions de Marienwerder.[263]

Les quatre propositions principales étaient les suivantes :

(i) Le maintien des frontières existantes telles que déterminées par le Traité de Versailles.
(ii) Le retour en Allemagne de la population de Danzig (370,000 personnes), constituée à 97% d'allemands.
(iii) La construction d'une autoroute de 96 km et d'une ligne de chemin de fer reliant la

---

[262] D. L. Hoggan, op. cit., Chap. 16, *Les Allemands terrorisés de Pologne*, p. 388-390, et les émeutes de Łódź, p. 391-392. Hoggan déclare également que : « ... il ne subsistait aucun doute parmi les personnes bien informées de cette époque [1939] que d'horribles atrocités étaient infligées chaque jour aux Allemands de Pologne, » p. 554.

[263] *Das Letze Angebot in Verheimlichte Dokumente – Was den Deutschen verschwiegen wird* (La dernière proposition à travers les documents secrets – qui sont maintenus cachés aux Allemands), Fz-Verlag, Munich, 1993, p. 172-174. Il contient l'intégralité des 16 points.

(iv) Prusse occidentale et orientale, de Schönlanke à Marienwerder.
Un échange de population entre les Allemands et les Polonais.

Sur les ordres des banquiers internationaux, le secrétaire des affaires étrangères britanniques, Lord Halifax, recommanda fortement au gouvernement polonais de ne pas négocier.[264] Telle est la manière dont la Seconde Guerre mondiale fut déclenchée, ce qui vient mettre à bas le bobard de la culpabilité allemande. À partir de 1939, bien que l'Allemagne ait formulé au moins 28 tentatives connues de paix sans condition, elles furent toutes refusées. La guerre forcée qui s'ensuivit se solda par la victoire des financiers internationaux et la défaite et la servitude des peuples d'Europe et en fait du monde entier. En Europe, cet asservissement fut finalement parachevé avec la création de la Banque Centrale Européenne contrôlée par Rothschild, le 1er juin 1998 et l'introduction de l'*euro*, le 1er janvier 1999.

---

[264] D. H. Hoggan, op. cit., p. 565-569.

LES ACCOMPLISSEMENTS DU SYSTÈME BANCAIRE ÉTATIQUE ALLEMAND

Un des premiers effets bénéfiques que le système bancaire étatique et la réforme monétaire conférèrent au peuple allemand, fut la fourniture d'un logement convenable. Au cours de la période 1933-1937, 1,458,178 nouvelles maisons furent construites en répondant aux normes les plus évoluées de l'époque.[265] Chaque maison ne devait pas être haute de plus de deux étages et devait posséder un jardin. La construction d'appartement fut découragée et les loyers d'habitation ne furent pas autorisés à dépasser les RM25 par mois, soit 1/8ème du revenu moyen d'un travailleur. Les employés gagnant des salaires plus élevés payaient un maximum de RM45 par mois.

Des emprunts sans intérêt jusqu'à RM1,000 (l'équivalent de cinq mois de salaire), connus sous le nom de *Ehestanddarlehen* (crédit matrimoniaux) étaient accordés aux jeunes couples. Le crédit était remboursable à 1% par mois, mais pour chaque enfant né, 25% du montant de l'emprunt était annulé. Ainsi, si une famille avait quatre enfants, le crédit était considéré comme intégralement remboursé. Le même principe s'appliquait aux crédits immobiliers, qui étaient émis pour une durée de dix ans à un taux d'intérêt très bas. La naissance de chaque enfant résultait aussi en une annulation de 25% de l'emprunt.[266] L'enseignement

---

[265] Entre 1932 et 1938, l'indice des constructions achevées s'envola de 163,2%, passant de 38 à 100.
[266] S. M. Goodson, *Illustrated Guide to Adolf Hitler & The Third Reich*, Washington D.C., The Barnes Review, 2009, p. 15.

scolaire, les lycées techniques et les universités étaient gratuits, tandis qu'un système de santé universel fournissait à tous des soins gratuits.[267]

La voiture du peuple – **Adolf Hitler** visite l'usine « Volkswagen » de Wolfsburg, 1938. Le nom proposé pour la nouvelle localité fut Hitlerstadt, mais Hitler objecta qu'il préférait adopter son pseudonyme Wolf à la place.

Durant la période 1933-1937, les importations augmentèrent de 31%, passant de RM4,2 milliards à RM5,5 milliards, tandis que les exportations, particulièrement vers le sud-est de l'Europe, s'envolèrent de 20,4%, passant de RM4,9 milliards à RM5,9 milliards. Cette augmentation des échanges est illustrée par l'accroissement de 76,9% de la navigation intérieure, qui était passée de 73,5 à 130 millions de tonnes transportées et à l'augmentation de 69,4% de la

---

[267] Le système était financé par une modeste contribution ponctionnée sur les salaires des travailleurs et versée sur *Allgemeine Ortskrankenkasse* (Le Fond Local Général pour la Santé).

navigation océanique, passée de 36 à 61 million de tonnes transportées. Tout au long de cette époque, le commerce fut grandement amélioré au moyen du troc, en contournant le système de paiement international et l'exigence de s'acquitter de commissions et d'intérêts sur les lettres de changes. À la fin des années 30, 50% de tous le commerce extérieur s'effectuait au moyen de transactions basées sur le troc. Au cours de la même période, les dépenses consacrées aux infrastructures routières et en particulier à la Reichsautobahn, dont 3,862 km furent complétés en septembre 1939, connurent une croissance de 229,5%, de RM440 millions à RM1,45 milliard. La construction de cette gigantesque autoroute, outre sa portée symbolique, était nécessaire pour accueillir le nombre croissant de véhicules, en progression de 425%, étant passé de 41,000 à 216,000 immatriculations et pour faire face à l'augmentation encore plus spectaculaire de 622% des voitures de tourisme, passées de 7,000 à 50,600.

Entre 1932 et 1938, la production de minerai de fer augmenta de 45,4%, de 843,000 à 1,226,000 tonnes. Le minerai allemand ne contenait que 25% de fer, contrairement à la teneur en fer supérieure du minerai suédois, que l'Allemagne n'avait pas les moyens d'acquérir. Cette difficulté fut surmontée grâce au processus Krupp-Renn, qui produisait un acier de grande qualité. Entre 1932 et 1939, l'indice de la production houillère crût de 85,5%, de 69 à 128, tandis que l'indice énergétique s'accrût au cours de la même période de 76%, de 75 à 132.[268]

---

[268] *Statistical Year-Book of the League of Nations*, op.cit., p. 169. Les indices de

Cette activité économique en augmentation constante eut pour conséquence de réduire le taux de chômage, qui avait atteint les 30,1% en 1933, à presque zéro en juillet 1939,[269] si bien que les travailleurs à la retraite durent être à nouveau incités à reprendre une activité pour venir combler le manque de main d'œuvre. Par contraste, le taux de chômage aux États-Unis, qui avait atteint les 25,1% en 1933, n'avait, selon le National Industrial Conference Board, décru marginalement que pour atteindre les 19,8% en janvier 1940 ;[270] une situation qui doit être attribuée à la politique irrationnelle mais néanmoins délibérée de la Réserve Fédérale contrôlée par Rothschild et au secteur bancaire privé parasitaire.

Le revenu national de l'Allemagne crût de 43,8% de RM45,2 milliards à RM65 milliards, entre 1932 et 1937, tandis qu'entre 1932 et juin 1939, l'indice de production des biens augmenta de 219,6%, de 46 à 147 ;[271] pourtant le coût de la vie n'avait progressé que de 4%, à savoir moins de 1% par an, un taux qui serait maintenu tout au long des 12 ans du système bancaire étatique sous le national-socialisme. La politique monétaire allemande « était de type non-inflationniste grâce aux dépenses gouvernementales, qui venaient accroitre la demande, pouvant à son tour provoquer une augmentation croissante de la quantité de biens disponibles. »[272]

---

production ont été fournies par *Konjunkturforschung*, sur la base de l'année 1928.
[269] En juillet 1939, 38,379 personnes étaient inscrites au chômage.
[270] *Statistical Year-Book of the League of Nations*, op.cit., p. 70.
[271] Ibid., p. 169.
[272] R.E. Elletson, op.cit., p. 60.

En 1939, l'Allemagne était devenue le pays le plus puissant de l'histoire de l'Europe. Son Produit Intérieur Brut connaissait une croissance de 11% par an, et avait doublé en l'espace de six ans de système bancaire étatique. Les Allemands étaient à présent le peuple le plus heureux et prospère du monde, connaissant le plein emploi et bénéficiant du niveau de vie le plus élevé. Ce succès fut accompli par l'ardeur à la tâche du peuple allemand et grâce au soutien d'un système monétaire honnête ne reposant pas sur l'usure ni l'étalon-or.

Un des mythes propagés par les historiens officiels est que la renaissance économique allemande fut basée sur la production d'armement. Le tableau suivant révèle le niveau modeste des dépenses militaires qui ne commencèrent à croitre qu'en 1938/1939 lorsque l'Allemagne commença à se sentir menacée par ses voisins.

Années	Dépenses Militaires RM	Revenu National
1933/34	1,9 milliard	4%
1934/35	1,9 milliard	4%
1935/36	4 milliards	7%
1936/37	5,8 milliards	9%
1937/38	8,2 milliards	11%
1938/39	18,4 milliards	22%

Source : Deutsche Reichsbank

Même une dépense de 22% du revenu national en matière de défense, juste avant que ne débute la Deuxième Guerre mondiale, peut être considérée comme pas trop excessive, lorsque nous gardons à l'esprit que les frontières de l'Allemagne possèdent peu de limites naturelles et qu'à cette époque, elle était entourée de voisins hostiles : la Tchécoslovaquie, la France et la Pologne. L'Allemagne dut aussi reconstituer l'armement dont elle avait été interdite de se munir selon les termes du Traité de Versailles. L'historien anglais A. J. P. Taylor, écrit : « L'état de l'armement allemand en 1939 fournit la preuve décisive qu'Hitler n'avait pas prévu une guerre générale, et n'avait probablement pas l'intention de faire la guerre du tout. »[273]

LES DÉVELOPPEMENTS DE L'APRÈS-GUERRE

En mai 1945, la *Deutsche Reichsbank* cessa ses opérations, bien que ses affaires n'aient pris véritablement fin qu'en 1961. Elle fut succédée dans la moitié ouest du pays par la *Bank deutscher Länder* (la Banque des États Allemands), le 1er mai 1948. Cette banque introduisit le Deutsche Mark le 21 juin 1948 et devint plus tard connu comme la *Deutsche Bundesbank* qui fut établie le 26 juillet 1957. Bien que légalement indépendante et modelée sur la Réserve Fédérale américaine, le Bundestag ou parlement fédéral, exerçait un contrôle et une influence considérable sur sa politique, elle n'était donc pas aussi indépendante en ce temps-là que le sont la plupart des banques centrales d'aujourd'hui.

Depuis 2001, en tant que membre de la Banque Centrale Européenne, la *Deutsche Bundesbank*, a délégué la plupart de son autorité à cette organisation. Ses

---

[273] A.J.P. Taylor, *The Origins of the Second World War*, Hamish Hamilton, Londres, 1961, 218.

responsabilités restantes, qui sont partagées avec la BCE, sont l'émission de billet de banque, la gestion de la chambre de compensation, la supervision et la gestion des réserves de change. L'objectif principal de la BCE, tel que défini par l'article 127 (1) du Traité sur le Fonctionnement de l'Union Européenne, est de maintenir la stabilité des prix. Cette obsession est largement responsable du niveau record du chômage et du faible taux de croissance du PIB que nous expérimentons, ainsi que de la chute du taux de fécondité.

La BCE fut établie le 1er janvier 1998 et devint formellement opérationnelle le 1er janvier 1999 avec l'introduction de la monnaie unique, l'euro. Cette banque contrôlée par Rothschild est ironiquement située au 29 Kaiserstrasse, Francfort sur le Main, non loin de la *Judengasse* (la rue des Juifs) où Mayer Amschel Rothschild et son frère Kalman avaient créé une boutique de change de pièces et de médailles dans les années 1780. Pour les 18 pays qui ont stupidement adopté l'euro et rejoint la BCE, leur subjugation et leur asservissement sont un *fait accompli*[274].

L'ITALIE FASCISTE

Le 28 octobre 1922, Benito Mussolini et son Parti Fasciste National arrivèrent au pouvoir. Le Fascisme devrait être qualifié avec plus précision de corporatisme, car il symbolise une fusion de l'état et du pouvoir corporatiste. En 1936 la Chambre des Députés fut

---

[274] N.D.T. : en français dans le texte

remplacée par un Conseil National des Corporations comportant 823 représentants de l'industrie, des salariés et des provinces, qui dirigeaient la production industrielle et résolvaient les conflits du travail.

Dans les années 1920, au moyen de la dépense publique, un programme de travaux publics d'envergure sans égale dans l'Europe moderne de cette époque fut entrepris. Des ponts, des canaux, des autoroutes de 4,000 km, des hôpitaux, des écoles, des gares de chemin de fer et des orphelinats furent construits. Des forêts furent plantées et des universités furent dotées.[275] Les marais Pontins furent asséchés et 802 km^2 furent regagnés.[276] L'agriculture fut subventionnée et régulée par un programme d'autosuffisance nationale ou d'autarcie.

LA BANQUE D'ÉTAT D'ITALIE

En 1926, Mussolini intervint pour la première fois dans le secteur bancaire, en accordant à la Banca d'Italia, la prérogative d'émettre les billets de banque et la gestion des réserves minimum de la banque, y compris les stocks d'or. Utiliser le fascisme italien « principalement pour créer un état autarcique non soumis aux caprices du commerce et de la finance mondiale. »,[277] constituait l'essentiel de sa politique. En 1927, l'Italie se vit

---

[275] R.G. Price, *Fascism Part 1: Understanding Fascism and Anti-Semitism*, October 23, 2003
www.rational/revolution.ne/articles/understandingfascism.htm
[276] Aujourd'hui, 520,000 personnes vivent dans cette région auparavant déserte.
[277] K. Bolton, *The Banking Swindle Money Creation and the State*, Black House Publishing Ltd, Londres, 2013, 118.

accorder un emprunt de $100 millions par JP Morgan, pour faire face à une urgence. Par la suite, Mussolini refusa de « négocier ou d'accepter d'autres emprunts venant de l'étranger », car « il était déterminé à maintenir l'Italie libre de toute servitude financière à l'égard des intérêts bancaires étrangers. »[278]

Benito Mussolini inspecte les progrès de l'assèchement des marais de Pontins – Un de ses triomphes d'ingénierie qui transforma cette région où sévissait la malaria en une zone d'abondance agricole.

En 1931, l'État s'arrogea le droit de superviser toutes les principales banques au moyen de l'*Instituto Mobiliare Italiano* (l'Institut Italien des Valeurs mobilières). En 1936, ce processus fut parachevé lorsque, au moyen de l'*Atto Reforma Bancaria* (Loi de Réforme Bancaire), la Banque d'Italie et toutes les banques principales

---

[278] L. Villari, *Italian Foreign Policy under Mussolini*, Holborn Publishing Company, Londres, 1959, p. 59.

devinrent des institutions d'état.[279]

La Banque d'Italie était à présent une banque d'état à part entière, étant la seule à détenir le droit de créer du crédit à partir de rien et de le distribuer aux autres banques pour une somme modique. Les limites aux emprunts de l'état furent levées (comme ce fut le cas avec la Banque du Japon, voir plus loin) et l'Italie abandonna l'étalon-or.

LA BANQUE D'ÉTAT DU JAPON

La Banque du Japon ou 日本銀行 *Nippon Ginkō*, fut fondée le 10 octobre 1882. Bien que la maison impériale japonaise en fût l'actionnaire le plus important, elle fonctionnait comme une banque centrale typique, c.-à-d. au bénéfice de banques privées et au détriment de l'intérêt général.

En 1929, C. H. Douglas, dont le système de crédit social a déjà été présenté, donna une tournée de conférences au Japon. Ses propositions de permettre au gouvernement de créer la monnaie et le crédit de la nation sans intérêt, furent reçues avec enthousiasme par les dirigeants du gouvernement japonais et du monde de l'industrie. Tous les livres et les pamphlets de Douglas furent traduits en japonais, et il se vendit plus d'exemplaires dans ce pays que dans le reste du monde.[280]

---

[279] A. J. de Grund, *Fascist Italy and Nazi Germany: The 'Fascist' Style of Rule*, George Routledge & Sons Ltd, Londres, 2004, p. 52.
[280] 'New Economics', 19 janvier 1934, p. 8 cité par D.J. Amos, *The Story*

La réorganisation de la Banque du Japon en une banque d'état administrée exclusivement pour le bénéfice de l'intérêt national débuta en 1932. La réforme de la banque fut achevée en 1942 lorsque la Loi sur la Banque du Japon, fut remodelée d'après la législation de la Reichsbank allemande de 1939.[281] La banque fonctionnait de la manière suivante :

> « Il est entendu que la Banque est une corporation spéciale à la structure fortement nationale. La Banque doit assumer la tâche de contrôler la devise et les finances ainsi que de soutenir et promouvoir le système de crédit en conformité avec la politique de l'état pour assurer le plein usage du potentiel de la nation. D'autre part, elle doit **'être gérée avec l'accomplissement des objectifs nationaux comme seul principe directeur'** (Article 2). En ce qui concerne les fonctions de la Banque, la loi abolie le vieux principe de priorité de la finance commerciale, lui donnant toute latitude pour superviser le financement industriel. La loi autorisa également la Banque à fournir au gouvernement des avances illimitées sans contrepartie, et de souscrire tout en absorbant les bons du trésor. En ce qui regarde l'émission monétaire, la loi rendit le système d'émission maximum permanent, ainsi la Banque pouvait émettre à loisir pour pourvoir aux besoins de l'industrie de la défense et du

---

ofthe Commonwealth Bank, Veritas Publishing Company, Bullsbrook, Western Australia, 1986, p. 44.

[281]   www.veteranstoday.com/2011/06/26was-world-war-ii-fought-to-make-theworld-safe-for-usury et S. M. Goodson, La véritable raison de l'attaque japonaise sur Pearl Harbor, *The Barnes Review*, Washington D.C., Vol. XIV, N°6, Novembre/Décembre 2008, p. 41-45.

gouvernement. D'un autre côté, la supervision de la Banque par le gouvernement était nettement renforcée. Le gouvernement pouvait nommer et donner des ordres aux présidents et aux directeurs ; une clause accordait au gouvernement des pouvoirs étendus pour donner des prétendus 'ordres fonctionnel' à la banque, pour lui faire appliquer les mesures jugées nécessaires à l'accomplissement des objectifs de la Banque. De surcroit, la loi rendait une large part des affaires financières de la Banque, sujettes à l'approbation du gouvernement, y compris dans des domaines tels que l'altération des taux, l'émission des billets et la supervision des comptes. »[282]

Le Japon avait connu les mêmes difficultés traumatisantes causées par la Grande Dépression artificielle. Cependant, la conversion d'une banque centrale privée à la méthodologie d'un organe étatique, produisit des résultats qui furent à la fois probant et durable.

---

[282] *Money and Banking in Japan*, the Bank of Japan Economic Research Department, traduit par S. Nishimura, édité pary L.S. Pressnell, Macmillan, Londres, 1973, p. 38.

Indices Économiques du Japon 1931-1941

	Produits Manufacturés	Toutes industries	Revenu National	PIB
1931	19,1	19.7	10.5	12.5
1932	20,2	20.8	11.3	13.0
1933	24,7	25.3	12.4	14.3
1934	26,4	27.0	13.1	15.7
1935	27,9	28.7	14.4	16.7
1936	31,5	32.3	15.5	17.8
1937	37,2	37.7	18.6	23.4
1938	38,2	39.0	20.0	26.8
1939	42,4	43.0	25.4	33.1
1940	44,3	44.9	31.0	39.4
1941	45,8	46.5	35.8	44.9

Source : Département des Statistiques, Banque du Japon

Ce tableau illustre l'amélioration progressive qui se mit en place dans l'économie japonaise, une fois que les entraves de l'usure avaient été retirées. Au cours de la période 1931-1941, la fabrication de produits manufacturés et la production industrielle augmentèrent respectivement de 140% et 136%, tandis que le revenu national et le PIB était en hausse respective de 241% et 259%. Ces augmentations remarquables dépassèrent largement la croissance économique du reste du monde industrialisé. Le chômage recula de 5,5% en 1930 à 3% en 1938. Les contentieux industriels diminuèrent avec la baisse des arrêts intempestifs, qui passèrent de 998 en 1931 à 159 en 1941.

Le défi du Japon aux fabricants de voiture européens – La petite Datsun était à vendre pour un prix inférieur aux voitures les moins chères des USA ou du Royaume-Uni. Elle fut commandée à l'essai en Inde, en Tchécoslovaquie, et en Grande-Bretagne. Le Prince Chichbe, le frère de l'Empereur Hirohito, est sur la photo assis au volant du véhicule à l'Association Industrielle du Japon à Yokohama en décembre 1934.

À la fin des années 1930, le Japon était devenu le pouvoir économique dominant de l'Asie Orientale et ses exportations surpassaient régulièrement celles de l'Amérique et de l'Angleterre. En août 1940, le Japon annonça la formation d'une Sphère de coprospérité de la grande Asie orientale.[283] La crainte que ces pays en viennent à adopter les méthodes bancaires étatiques du Japon, présentait une telle menace à la Réserve Fédérale possédée par Rothschild, qu'une guerre semblait le seul moyen d'empêcher ce modèle vertueux d'être reproduit à une plus grande échelle.

---

[283] Projet conçu initialement par le Général Hachiro Arita, qui occupa le poste de ministre des affaires étrangères de 1936 à 1940. Cette coopération fut annoncée officiellement par le ministre des affaires étrangères Matsuoka Yosuke, le 1er août 1940.

COMMENT LE JAPON FUT ENTRAINÉ DANS LA SECONDE GUERRE MONDIALE

À partir de juillet 1939, les relations avec l'Amérique se détériorèrent rapidement après que les USA aient unilatéralement abrogé le Traité de Commerce de 1911, restreignant ainsi la capacité du Japon à importer les matières premières essentielles. Ces mesures furent ouvertement imposées à cause de la guerre en Chine et furent suivies en juin 1940 par un embargo de kérosène et une interdiction d'exporter du minerai de fer et de l'acier au Japon en novembre 1940. Le 25 juillet 1941 tous les avoir japonais en Angleterre, en Hollande et en Amérique furent gelés, après que le Japon, avec la permission de la France de Vichy, ait pacifiquement occupé l'Indochine, de manière à bloquer le ravitaillement chinois par le sud, et tout commerce entre le Japon et l'Amérique fut suspendu. Dans le même temps, le président Franklin D. Roosevelt fit fermer le canal de Panama à tous les navires japonais, et un embargo sur le caoutchouc et le pétrole fut mis en place, ce qui résultat dans ce dernier cas, en la perte de 88% de tous les approvisionnements. Sans pétrole, le Japon ne pouvait pas survivre.

Le Général Premier Ministre Hideki Tojo, (Octobre 1941 – Juillet 1944), explique dans son journal comment les États-Unis entravèrent continuellement les efforts diplomatiques du Japon afin de maintenir la paix. Les relations commerciales pacifiques du Japon étaient continuellement sabotées par les USA et ces nuisances faisaient peser une grande menace pour l'avenir du pays. Le blocus économique passa progressivement un nœud coulant autour du cou du

Japon. Non seulement les États-Unis, l'Angleterre, la Chine et la Hollande encerclaient le Japon à travers les sanctions économiques, mais des forces navales à travers la région des Philippines, de Singapour et de la Malaisie étaient redéployées et renforcées. Les navires de guerre américains furent aperçus patrouillant dans les eaux territoriales du Japon. Un amiral américain prétendit que la flotte japonaise pouvait être coulée en l'espace de deux semaines, tandis que le Premier Ministre britannique, Winston Churchill déclara que l'Angleterre se joindrait à l'Amérique dans les 24 heures.

Le Général Tojo écrit : « Le Japon a tenté de contourner ces circonstances dangereuses par des négociations diplomatiques et bien que le Japon ait fait montre de nombreuses concessions, les unes après les autres, dans l'espoir de trouver une solution à travers un compromis mutuel, il n'y eut aucun progrès parce que les États-Unis ne bougeaient pas de leur position initiale. Finalement, à la fin, les États-Unis réitérèrent des demandes, qu'en l'espèce, le Japon ne pouvait accepter : un retrait complet des troupes en Chine, la répudiation du gouvernement de Nanking et le retrait du Pacte Tripartite. »[284]

De nombreux gestes diplomatiques furent faits par le

---

[284] *The Journal for Historical Review*, Vol. 12, N°1, Printemps 1992, Journal de Prison de Hideki Tojo, p. 41-42. Le Pacte Tripartite signé le 27 septembre 1940 était un accord d'une durée de dix ans entre l'Allemagne, l'Italie et le Japon. Son principal objectif était de maintenir leur nouvel ordre économique basé sur un système bancaire exempt d'usure et de promouvoir la prospérité mutuelle et le bien être respectif de leur peuple. L'Article 3 prévoyait une assistance politique, économique et militaire au cas où l'un des trois pouvoirs était attaqué par une puissance non encore impliquée dans la guerre en Europe ou au sein du conflit Sino-Japonais.

Japon, y compris la proposition d'un sommet le 8 août 1941, mais ils échouèrent tous. Le 2 décembre 1941, le Japon avait été coupé de son commerce extérieur à hauteur de 75% par le blocus des Alliés et se trouva donc forcé d'attaquer l'Amérique afin de tenter de maintenir sa prospérité et sécuriser son existence de nation souveraine. La pression constante et l'absence de compromis des usuriers de New York avaient délibérément provoqué le Japon afin qu'il prenne des mesures de représailles.

LES DÉVELOPPEMENTS DE L'APRÈS-GUERRE

Suite à la défaite du Japon, une des premières décisions des forces d'occupation des États-Unis au Japon en septembre 1945, fut de restructurer le système bancaire japonais, pour le rendre compatible avec la norme des banquiers internationaux, c.-à-d. l'usure. Le financement illimité de l'état par la Banque du Japon fut aboli et les larges conglomérats industriels, les *Zaibatsu*, furent démantelés. Cette politique fut appliquée par Joseph Dodge, un banquier de Détroit, qui était le conseiller financier du Commandant Suprême des Forces Alliées, le Général Douglas MacArthur.

Le ministère des finances parvint, cependant, à conserver un certain contrôle sur le système bancaire et en particulier la politique monétaire. En 1988, le Japon fut grandement affecté par son adoption des mesures de Bâle I, qui obligeaient la Banque du Japon à lever des capitaux minimum pour ses actifs à risque, les faisant passer de 2% à 8%. Cette décision a provoqué une récession qui dure depuis 26 ans.

En avril 1998, le ministre des finances fut forcé par la loi de se soumettre à la Banque du Japon indépendante. Depuis ce temps-là, la Banque du Japon a fonctionné comme une banque centrale typique sous le contrôle de Rothschild, en exerçant rarement ses prérogatives dans les meilleurs intérêts du peuple japonais.

CHAPITRE VII

LES FORMES MODERNES DE BANQUE D'ÉTAT

« La Banque a été conçue dans l'iniquité et est née du péché. Les banquiers possèdent la terre. Reprenez-la leur, mais laissez-leur le pouvoir de créer l'argent et d'un trait de plume ils en créeront assez pour la racheter toute entière. Cependant, retirez-leur ce pouvoir et toute les grandes fortunes comme la mienne disparaitront comme elles devraient disparaitre, car le monde dans lequel nous vivrions alors n'en serait que meilleur et plus heureux. Mais si vous souhaitez rester les esclaves des banquiers et payer le coût de votre propre servitude, alors laissez-les continuer à créer de l'argent. »

- Sir Josiah Stamp,
ancien directeur de
la Banque d'Angleterre

LA BANQUE DU DAKOTA DU NORD[285]

En 1919, les 48 états des États-Unis se virent offrir l'opportunité de mettre en place leur propre banque d'état. Le Dakota du Nord fut le seul état à accepter cette offre.

---

[285] http://banknd.nd.gov/

Le Dakota du Nord dont la capitale se nomme Bismarck, est doté d'une population de 684,000 habitants. Il est situé au milieu de l'Amérique, près de la frontière canadienne. Malgré des hivers très rudes, sa principale source de revenu direct et indirect provient de l'agriculture. Il est au premier rang de la production de blé, essentiellement du blé dur[286], de l'orge, du canola, du lin, de l'avoine et des graines de tournesol. L'huile de schiste obtenue par fracturation du bassin de Bakken et le lignite, sont les principales ressources minières de l'état.

La banque d'état du Dakota du Nord fut fondée par une coalition de fermiers en 1919.

La plupart des états des États-Unis sont techniquement insolvables ; à l'exception du Dakota du Nord et de son voisin de l'ouest, le Montana, tous font face à des déficits budgétaires. Par comparaison, la Californie,

---

[286] Une forme de blé plus dure utilisée pour confectionner les spaghettis et d'autres sortes de pâtes.

l'état le plus important en termes économique et actuellement la douzième économie au monde, connait un déficit de $23 milliards en avril 2013 et verse $10,4 milliard en intérêts chaque année. En 2012, sa dette obligataire se montait à $167,9 milliard. Contrairement aux 49 autres états, qui souffrent d'un taux de chômage toujours croissant, celui du Dakota du Nord a baissé et est actuellement le plus bas du pays, à 2,7%. L'état est également celui qui détient le taux de faillite d'entreprise le plus bas des États-Unis.

En septembre 2012, le Dakota du Nord dégageait un surplus budgétaire de $1,6 milliard. Entre 1997 et 2010, son PIB a crû de 93,4%, de $16 milliards à $31 milliards. Au cours de la période 2000-2011, le revenu individuel par habitant a augmenté de 127%, de $20,155 à $45,747, tandis que la croissance à l'échelle nationale sur la même période n'était que de 37,4%.

Le secret de son succès réside dans sa banque d'état. La mission de la banque est de fournir un service financier qui soutient l'agriculture, le commerce et l'industrie. Selon la loi, l'état doit déposer tous ses fonds auprès de la banque, qui lui paie un taux d'intérêt compétitif.

La banque reverse à l'état l'intégralité de ses profits, lesquels en 2011 se montèrent à $60 millions. Plus de $460 million ont été versés à l'état sur les 11 dernières années. La plupart de ses fonds sont utilisés pour compenser les réductions d'impôts. La banque fournit également un marché secondaire pour les emprunts immobiliers, des garanties aux nouvelles entreprises et des crédits aux fermiers à un taux d'intérêt d'1% par an. Le Dakota du Nord n'a pas connu de crise du crédit ni de gel des crédits, car la banque fournit à l'état son propre crédit. En ayant établi sa propre souveraineté économique, le Dakota du Nord est devenue l'état le plus prospère et financièrement vivable de tous les États-Unis.

Même si la banque d'état ne résout pas l'impasse financière expérimentée au niveau national, les banque d'états des USA ont le potentiel de fournir un soulagement considérable au niveau du gouvernement des états, sous la forme de surplus budgétaires, de baisses d'impôts significatives, de réduction du chômage et un haut niveau de prospérité. En date de juin 2014, 25 états réfléchissaient à une législation permettant la mise en place d'une banque d'état.[287]

LES ÉTATS DE GUERNESEY

En 1815, lorsque les guerres Napoléoniennes eurent pris fin, Guernesey se trouvait dans un état précaire. Ses routes étaient délabrées, les digues et l'économie s'étaient effondrées. L'île se trouvait incapable d'emprunter de l'argent car elle ne pouvait pas lever suffisamment d'impôts pour payer les intérêts requis.

En 1816, afin de financer les travaux publics et une nouvelle place du marché, le Comité des États de Guernesey se pencha sur une solution nouvelle. Il émit £6,000 sous forme de billets d'une livre, sans dette ni intérêt. En l'espace de deux ans, tous les travaux furent terminés sans que leur financement n'ait en rien accru la

---

[287] http://publicbankinginstitute.org/

dette publique.[288]

Une autre émission de £5,000 eut lieu, incluant cette fois-ci des billets de cinq livres, afin de reconstruire l'Elizabeth College, fondé par la Reine Élisabeth Ière en 1563, et l'école paroissiale. En 1837, £55,000 était en circulation. L'île expérimenta une augmentation du tourisme et un niveau de prospérité jamais atteint.

La Vieille Place du Marché de St Peter Port fut financée en 1816 par l'émission de £6,000 de billets sans dette et sans intérêt.

En 1914, l'émission des États atteignait £142,000. En 1937, £175,000. Le coût d'impression de ces billets fut de £450, à comparer avec le service annuel des intérêts qui aurait dû s'élever à £11,383 (6,5%). En 1958, il y

---

[288] Les Grubiaks fournissent un exemple intéressant de la manière dont les intérêts composés peuvent asservir une communauté. En 1817, le marché au fruit de Glasgow fut financé par un prêt à intérêt de £60,000. Il ne fut finalement remboursé que 139 ans plus tard en 1956. Le taux des intérêts composés entre 1816 et 1910 n'est pas connu, mais entre 1910 et 1956, £267,886 fut payé.

avait £542,765 en circulation. Actuellement, il y a £43,8 millions en circulation.[289] Aujourd'hui, Guernesey est dotée d'une population de 65,400 qui bénéficie d'un des plus hauts niveaux de vie au monde. L'impôt sur le revenu en vigueur est de 20% quel qu'en soit la provenance, mais il reste limité à £220,000 par an. Il n'y a pas d'impôt sur les sociétés, à part une taxe de 10% sur certaines activités bancaires, aucun impôt sur le capital, aucun impôt sur les successions, pas d'impôt foncier, pas de TVA et aucun impôt sur les transferts de capitaux. Guernesey n'a aucune dette publique.

---

[289] Treasury and Resources Department, Guernsey, 16 novembre 2012.

LA BANQUE CENTRALE DE LYBIE

De 1551 à 1911, la Lybie fut dirigée par l'Empire Ottoman, par l'Italie de 1911 à 1943 et se trouva entre 1943 et 1951 sous la double suzeraineté militaire de la Grande-Bretagne et de la France. La Banque Centrale de Lybie fut fondée en 1956 et fonctionna comme une banque centrale typique jusqu'au *coup d'état*[290] sans effusion de sang, du 1ᵉʳ septembre 1969.

Un pétrole d'exceptionnelle qualité fut découvert en 1959. Cependant, le Roi Idris al Mahdi as-Sanusi échoua à capitaliser sur cette manne ainsi qu'à l'utiliser pour le bénéfice de son peuple, et l'essentiel des profits pétroliers furent siphonnés sur les comptes des compagnies pétrolières.

En s'emparant du pouvoir en 1969, Mouammar Kadhafi, prit le contrôle des activités économiques du pays, y compris la banque centrale, qui dans un but pratique, était gérée comme une banque d'état. Elle servait de super-banquier aux banques locales et les banques étrangères n'étaient pas autorisées à y mener des opérations. Le financement des infrastructures gouvernementales ne provenait pas de la *riba* (intérêts) et la Lybie n'avait pas de dette publique et n'avait souscrit aucun emprunt à l'étranger. Ses réserves de devises étrangères dépassaient les $54 milliards, ce qui peut être comparé aux réserves des pays développés comme le Royaume-Uni et le Canada, qui en 2010 possédaient respectivement $50 milliards et $40

---

[290] N.D.T. : en français dans le texte.

milliards. La croissance du PIB au cours de la période 2000-2010, fut de 4,32% par an et le chiffre officiel de l'inflation s'élevait à -0,27%.[291]

Le Colonel[292] Kadhafi était dépeint dans les médias comme un « terrible dictateur et un monstre suceur de sang »[293], mais la réalité est qu'à l'exception de la ville de Benghazi et de ses environs, il bénéficiait du soutien de 90% de la population.[294]

Les avantages suivants fournis par Kadhafi expliquent les raison de sa popularité :

- La scolarité gratuite.
- Les étudiants étaient rémunérés au salaire moyen correspondant au domaine étudié.
- Les étudiants à l'étranger se voyaient octroyer un logement, une voiture et €2,500 par an.
- L'électricité gratuite.
- Les soins médicaux gratuits.
- Logement gratuit (les hypothèques étaient interdites).
- Les nouveaux mariés recevaient 60,000 dinars (50,000$)[295] en cadeau du gouvernement.
- Les voitures étaient commercialisées au tarif

---

[291] www.theglobaleconomy.ca
[292] Son grade effectif était en fait celui de Lieutenant.
[293] http://embassy-finder.com/libya_in_kuwait_kuwait
[294] Malgré le bombardement incessant de l'OTAN, le 1er juillet 2011, un million d'habitants de Tripoli (sur une population de 2,2 millions) se rassemblèrent pour une manifestation en faveur de leur frère dirigeant Kadhafi.
[295] $1 = 1,20 dinar libyen.

usine, sans intérêt.
- Les crédits aux particuliers étaient octroyés sans intérêt.
- La miche de pain coutait 15 cents.
- L'essence coutait 12 cents le litre.
- Une fraction du produit de la vente d'hydrocarbures était directement versée sur les comptes en banque des citoyens.
- Les fermiers recevaient des terres gratuites, des graines et du bétail.
- Le plein emploi, où ceux qui étaient temporairement au chômage se voyaient verser l'équivalent de leur plein salaire.

Mouammar Mohammed Kadhafi – Il était un strict disciple du Saint Coran, qui avait aboli toute forme d'usure et avait mis la Banque Centrale de Lybie au service du peuple Libyen.

La Jamahiriya « état du peuple » de Kadhafi s'assurait

que les richesses de ce pays de 5,79 millions d'habitants soient justement réparties à l'ensemble de sa population. Les mendiants et les sans-abri n'existaient pas, l'espérance de vie de 75 ans était la plus élevée d'Afrique et se trouvait 10% au-dessus de la moyenne mondiale. Le taux d'alphabétisation y était de 82%. En ce qui concerne les droits humains, la Lybie était classée à 61 sur l'Index International d'Incarcération. Plus la note est basse, plus le taux est élevé. La place de numéro 1 est actuellement occupée par les États-Unis.[296]

Un autre accomplissement majeur de Kadhafi concerne l'aménagement du Bassin de Nubie en Grande Rivière Artificielle, qui fournit quotidiennement 6,500,000 m^3 d'eau potable aux villes de Tripoli, de Sirte et de Benghazi. L'eau extraite est dix fois moins chère que l'eau dessalée. Le coût total du projet, estimé à $25 milliards fut financé sans un seul emprunt étranger.

Bien que les banques centrales de Biélorussie, de Birmanie, de Cuba, d'Iran, de Corée du Nord, du Nord Soudan et de la Syrie ne soient pas directement sous le contrôle du cartel bancaire des Rothschild, la Lybie était dotée de la seule banque centrale fonctionnant sur un mode étatique, entrainant les symptômes classiques du plein emploi, de l'inflation zéro et d'un paradis moderne pour les travailleurs.

Tout cela conduit à s'interroger sur les raisons de l'intervention de l'OTAN sous prétexte de fallacieuses

---

[296] S. Goodson, *The Truth About Libya*, 4 avril 2011, http://rense.com/general/93/truth.htm

violations des droits de l'homme, qu'il aurait la prétendue responsabilité de protéger. Depuis 1971, lorsque les États-Unis ont abandonné l'étalon-or pour le pétrodollar avec la connivence de l'Arabie Saoudite, toute tentative de supplanter le dollar américain comme monnaie de réserve dominante, s'est vue bloquée et opposée avec violence.

En novembre 2000, Saddam Hussein décréta que toutes les transactions d'hydrocarbure seraient libellées en euros, car il ne souhaitait plus commercer en usant de la « monnaie de l'ennemi ».[297] Comme cela fut par la suite démontré, la supercherie des armes de destruction massive ne fut qu'un faux prétexte et ce fut bien cette décision monétaire qui coûta à Saddam Hussein sa vie et la destruction de son pays.

Dans des circonstances similaires, Kadhafi annonça en 2010 la création d'un dinar-or pour le paiement de toutes les transactions étrangères sur une région incluant 200 millions d'habitants. À cette époque, la Lybie possédait 144 tonnes d'or. Ce qui était proposé n'était pas en soi un retour à l'étalon-or *per se*, mais la mise en place d'une nouvelle unité de mesure concernant les exportations pétrolières et les autres ressources qui devaient être réglées en dinars-or.[298] Kadhafi avait franchi la ligne rouge et en a payé le prix ultime.

Depuis 2007, l'Iran a exigé que les paiements soient

---

[297] *Time*, 13 novembre 2000.
[298] Le Dinar-Or : Sauver l'économie mondiale grâce à Kadhafi, www.globalresearch.ca, 5 mai 2011.

effectués en euros. Le 17 février 2008, la Bourse du Pétrole Iranienne utilise principalement l'euro, le rial iranien et un panier de devises non-américaines pour ses échanges d'hydrocarbures, de produits pétrochimiques et de gaz. La première cargaison pétrolière fonctionnant sous ce nouveau système fut vendue à travers ce marché en juillet 2011. Cet évènement doit être considéré comme la cause principale des menaces israéliennes et américaines répétées à l'égard de l'Iran.

CHAPITRE VIII

LA CRISE BANCAIRE ET LE DÉCLIN FINAL DE LA CIVILISATION

« Je crains que le citoyen ordinaire n'apprécierait pas de savoir que les banques peuvent et en fait créent et détruisent l'argent. Le montant d'argent en existence varie seulement en fonction de l'augmentation et de la baisse des dépôts et des crédits bancaires... et ceux qui contrôlent le crédit d'une nation, dirigent la politique du Gouvernement et tiennent au creux de leur main la destinée des peuples »[299]

- Reginald McKenna,
ancien Chancelier de l'Échiquier.

APERÇU HISTORIQUE

Les crises bancaires prennent habituellement trois formes, (i) une seule banque s'effondre à cause du manque de confiance et au retrait massif de ses dépôts, (ii) une ruée sur la banque lorsqu'un nombre de banques font simultanément faillite et (iii) lorsque le système entier implose.

---

[299] Discours du président aux actionnaires de la Midland Bank, le 25 janvier 1924.

Au dix-huitième siècle, les crises bancaires restèrent confinées aux pays qui étaient dotés de banques centrales et pratiquaient l'usure, à savoir, l'Angleterre, les Pays-Bas et la Suède.

En 1710, la Sword Blade Bank, en compétition avec la Banque d'Angleterre, s'empara d'une portion de la dette publique en échange d'actions de la Sword Blade. L'année suivante, la Compagnie des Mers du Sud réalisa une opération similaire et en 1720 récupéra le restant de la dette gouvernementale en échange de ses actions surévaluées. La Compagnie des Mers du Sud n'était en fait qu'une coquille vide et n'était même pas dotée de biens commerciaux. Le 24 septembre 1720, la Sword Blade Bank fut mise en liquidation et à la fin de cette année, les actions de la Compagnie des Mers du Sud avaient perdu presque 90% de leur valeur de £1,000 par unité.

En 1763, après la fin de la Guerre de Sept Ans (1756-1763), les *wissels* ou billets émis par le banquier hollandais Leendert Pieter de Neufville, ne pouvaient pas être remboursés et provoquèrent une ruée sur les banques des Pays-Bas, d'Allemagne et de Suède.

En janvier 1772, la maison bancaire londonienne de Neal, James, Fordyce et Down, qui s'était livrée à une spéculation à grande échelle en vendant à découvert les actions de la Compagnie des Indes Orientales, fit faillite après avoir échoué à couvrir ses pertes en raison des retraits massifs de ses clients. Vingt-deux banques d'importance significative et presque toutes les banques privées d'Écosse furent mises en liquidation. La contagion se fit sentir jusqu'à Amsterdam. Beaucoup de banques locales expérimentèrent une crise de liquidités, y compris Clifford and Sons qui fit faillite.

Désormais, presque toutes les crises bancaires seraient provoquées à cause du modèle de banque centrale qui permet à des banques privées de créer la monnaie par une dette portant à intérêts, puis de la détruire une fois que cette dernière est remboursée. Ainsi, les deux premières paniques de 1792 et de 1796-1797 aux États-Unis, furent causées par la First Bank of the United States, lorsqu'elle restreignit volontairement l'accès au crédit afin de provoquer un effondrement économique.

Un désastre financier similaire et la dépression qui s'ensuivit furent planifiés et exécutés en 1819 par la Seconde Banque des États-Unis possédée par Rothschild, tandis que l'Angleterre était également affligée par une panique artificielle en 1825 et en 1847. Lors de la panique de 1825, 66 banques furent forcées de cesser leurs activités.

Une autre panique bancaire aux États-Unis se déroula en 1857, à cause d'une pénurie d'or organisée qui entraina la faillite de l'Ohio Life Insurance and Trust Company. Comme nous l'avons déjà fait remarquer dans le Chapitre IV, une fois que les États-Unis furent forcés d'adopter l'étalon-or en janvier 1873, un schéma de paniques bancaires de plus en plus fréquentes et intensifiées se mit en place. Moins de huit mois plus tard en septembre de la même année, les États-Unis furent plongés dans une récession préméditée qui dura quatre longues années.

Les paniques suivantes de 1884, 1890, 1890-1891, 1893-

1894, 1897, 1903 et 1907, furent toutes délibérément orchestrées afin de plonger le peuple américain dans un état de confusion et de désespoir. Après 40 ans de chaos planifié, de bulles et d'effondrement boursier, ainsi qu'une campagne médiatique de désinformation, la population capitula docilement et le rêve des banquiers conspirateurs d'instaurer une banque centrale des États-Unis fut réalisé le 23 décembre 1913.

Après la Grande Dépression qui avait été concoctée par la Réserve Fédérale[300] une relative période de stabilité prévalue jusqu'aux années 1990, lorsqu'un nombre croissant de pays souffrirent de crises économiques et de difficultés financières. (La Finlande, la Suède, le Venezuela, l'Indonésie, la Corée du Sud, la Thaïlande, la Russie, l'Argentine, l'Équateur et l'Uruguay).

LA CRISE BANCAIRE DE 2007

Les graines de la crise bancaire actuelle furent semées lorsque le Glass-Steagall Act de 1933, qui interdisait aux banques de posséder des institutions financières et séparait les banques des compagnies d'investissement, fut abrogé le 12 novembre 1999. À l'époque de la promulgation de la loi originelle, le Sénateur Carter-Glass, un ancien Secrétaire du Trésor US, et un de ses promoteurs, fit remarquer : « avec un pistolet, un homme peut voler une banque, mais avec une banque,

---

[300] En 2002, en réponse à une question posée par le Professeur Milton Friedman à Ben Bernanke, alors membre du conseil académique de la Réserve Fédérale de New York, au sujet de la Grande Dépression, Bernanke répondit : « Concernant la Grande Dépression. Vous avez raison, nous en fûmes les responsables. Nous sommes vraiment désolés. »

un homme peut voler le monde entier. »

Vers la fin du mandat de l'administration Clinton, il fut déclaré que tout le monde avait le droit de posséder sa propre maison, et à cet effet, le Ministère du Logement et du Développement mis en place un programme appelé Partenariat Stratégique de la Propriété Nationale et du Rêve Américain. Afin d'attirer le maximum de propriétaires, les exigences d'accès au crédit furent considérablement rabaissées et le gouvernement accorda aux emprunteurs un crédit d'impôts de $8,000. Des taux d'intérêts attractifs furent proposés pendant les deux premières années, mais agrémentés de taux substantiellement plus élevés à s'acquitter par la suite.

Le Sénateur **Carter-Glass**, dont la législation interdisant les banques de posséder des institutions financières et séparait les banques des compagnies d'investissement. Cette loi fut révoquée en 1999, avec des conséquences dévastatrices.

Entre 1998 et 2006, le prix de l'immobilier augmenta de 124%, mais deux années plus tard, une chute de 20% fut enregistrée. Contrairement aux prix en augmentation, l'accessibilité au logement faisait montre d'une tendance déclinante. Entre 1980 et 2000, le ratio du coût d'une habitation moyenne en fonction du revenu médian des ménages était de 3, mais en 2006 il était passé à 4,6. Les couvertures de défaillance (CDS) qui furent créées pour spéculer contre les risques liés aux crédits, connurent une démultiplication entre 1998 et 2008, jusqu'à peser $47 trilliards et correspondre à la valeur notionnelle de $683 trilliards.

Le lauréat du Prix Nobel **Frederick Soddy**, dont les vues sur le système monétaire et bancaire se fondent sur la physique et révélèrent la fausseté de la croissance économique perpétuelle.

Afin d'alimenter la bulle immobilière, des produits financiers innovants furent développés, tels que les CDO (titres obligataires adossés à des actifs). Des emprunts immobiliers au potentiel de remboursement varié, étaient titrisés et après s'être vus délivrés des notes garantissant leur fiabilité par les agences de notation financière, frauduleusement comme on devait plus tard le découvrir, ils furent vendus dans la plupart des cas à des investisseurs naïfs.[301]

Dans le but de pousser plus loin cette culture de l'avidité, le secteur bancaire de l'ombre qui comprend les banques d'investissement et les fonds spéculatifs, dont la totalité des actifs se montaient à cette époque à plus de $100 trilliards, a commercialisé de manière agressive ces produits, malgré le fait qu'en juin 2007, 39% de tous les emprunts immobilier ne remplissaient pas les conditions d'un émetteur classique.

La bulle explosa lorsque Lehmann Brothers fut déclarée en faillite le 15 septembre 2008. Une mesure de sauvetage fut demandée en urgence et le Congrès alloua une somme de $700 milliards consacrée au Plan Paulson, mais il ne s'agissait que de la surface de l'iceberg, car la Réserve Fédérale a depuis accordé plus de $16 trilliard d'aides aux banques nationales et étrangères. D'après les mémoires[302] de Neil Barofsky,

---

[301] Une des victimes les plus spectaculaires de cette fraude fut le Fond de pension Pétrolier du Gouvernement de Norvège, le deuxième fond souverain le plus important au monde, qui enregistra des pertes de $90 milliards en 2008. Ce préjudice annula effectivement tous les profits des 12 années précédentes. http://news.bbc.co.uk/2/hi/business/7961100.stm
[302] N. Barofsky, *Bailout: An Inside Account of How Washington Abandoned Main Street While Rescuing Wall Street*, Free Press, New York, 2012, p. 288. En

Inspecteur Général du Plan Paulson, le montant final pourrait dépasser les $24 trilliards. Il n'est ainsi pas surprenant de savoir qu'au cours de la période 2008-2013, la Réserve Fédérale a vu son bilan grossir de 500% pour atteindre $s5 trilliard, tout cela afin de maintenir un secteur bancaire insolvable avec son programme d'assouplissement quantitatif semblable au schéma de Ponzi[303], tandis que dans une veine similaire, les bilans des six plus grandes banques occidentales ont connu un accroissement de 336,4% entre 2007 et 2012, passant de $10,7 trilliards à $14,6 trilliards.

Causatum

Au milieu des séquelles de cette crise financière, des tentatives de remédier à ce qui parait un problème insoluble commencèrent d'émerger. La réforme Dodd-Franck de Wall Street et la loi sur la Protection du Consommateur furent promulguées le 21 juillet 2010. Elles contiennent plusieurs obligations de régulation conçues pour promouvoir la responsabilité, la stabilité financière et la transparence. 200 pages de la loi sont dévolues à la réforme des prêts hypothécaires et comprennent des conditions d'octroi plus élevées et l'obligation pour les courtiers en crédit de s'assurer que les emprunteurs aient la capacité de rembourser leurs créances.

Les pontes du Comité de Bâle sur la Supervision Bancaire, ont proposé d'augmenter le niveau de capital

---

novembre 2011 The Levy Economics Institute, Bard College de New York, a calculé que le renflouement total s'élevait à $29 trilliards.

[303] Charles Ponzi était un escroc américain du début du vingtième siècle.

et les ratios de liquidités dans l'espoir que ces mesures renforceront le secteur bancaire. L'intention est qu'elles soient toutes mises en pratique d'ici le 31 mars 2019. Cependant, il est probable qu'elles ne feront que produire l'effet inverse en provoquant une réduction plus importante de la masse monétaire, augmentant en cela la récession.

Ce qui n'est pas compris par la plupart des banquiers et des économistes c'est que la seule méthode disponible pour préserver l'économie est de s'enfoncer un peu plus dans la dette (à intérêt), car la monnaie basée sur la dette est notre seul et unique moyen d'échange. D'où tous ces mantras aussi persistants que ridicules répétant que la croissance doit être maintenue à tout prix, parce que si tous les emprunts devaient être remboursés, la masse monétaire disparaitrait et nous en serions réduits à échanger les biens et les services par le troc. Dans la situation actuelle, une annulation de la dette mondiale ne sera ainsi pas de trop, si la masse monétaire pouvait être remplacée par un système bancaire étatique créant la monnaie sans dette ni intérêt.

La raison sous-jacente pour laquelle le monde développé, qui produisait auparavant des produits durables et d'une qualité supérieure, a été partiellement désindustrialisé, est parce que des biens de qualité médiocre doivent continuellement être produits par des pays du tiers-monde afin d'alimenter le syndrome de la croissance. Cela vient souligner également l'absurdité selon laquelle l'Europe aurait besoin de croissance économique alors que sa population indigène est en voie de réduction. Cette politique délibérée d'obsolescence programmée et de croissance forcée présente aussi des effets délétères sur l'environnement. Comme nous le ferons observer dans la dernière section, la chute du taux de fécondité des femmes du monde développé, qui est une conséquence directe de l'usure, conduira à l'extinction de la civilisation.

En conclusion, nous pouvons remarquer que l'objectif caché principal de la crise bancaire actuelle est de créer un sentiment général de désespoir et un concert d'acclamations pour l'établissement d'une Banque Centrale Mondiale – une situation similaire à celle qui prévalait aux États-Unis au cours du dix-neuvième siècle, lorsque des paniques bancaires furent artificiellement générées en préparation pour la mise en place de la Réserve Fédérale. Lorsque les banquiers parasites auront atteint cet objectif, il est douteux si l'hôte qui les nourrit n'aura pas d'ici là disparu.

La Grande Dépression du 21ème Siècle

Une des causes principales de la bulle toujours croissante de la dette repose sur la politique suicidaire de la mondialisation et du libre-échange, qui a provoqué la désindustrialisation partielle déjà évoquée des États-Unis, du Royaume-Uni et de l'Europe. La relocalisation des industries au sein des pays du tiers monde a occasionné une réduction de la base manufacturière du monde développé, un chômage structurel de nature permanente et un écart commercial grandissant. Dans une tentative de maintenir un niveau de vie en voie d'effondrement, les consommateurs des pays affectés ont été forcés de recourir à des niveaux d'endettement privé de plus en plus importants. Ainsi, aux États-Unis durant les années 1980, $2,37 de dette privée étaient nécessaires pour produire $1 de croissance du PIB, dans les années 1990, le montant était de $2,99, et dans les années 2000, une augmentation dramatique de $5,67 pour chaque dollar de croissance économique – un niveau qui deviendra bientôt intolérable.

Un facteur encore plus aggravant est l'augmentation du coût de l'extraction de l'énergie, aussi connu comme taux de retour énergétique, l'EROEI (« *Energy Returned On Energy Invested* »), qui approche rapidement d'un point critique. D'après le rapport Tullet Prebon,[304] en 1990 le coût théorique de l'énergie aurait été de 2,43% du PIB,[305] et en 2010 il aurait presque doublé à 4,7% du

---

[304] T.M. Morgan, *Perfect storm energy, finance and end of growth* www.tullettprebon.com/Documents/strategyinsights/TPSI009PerfectStorm009.pdf

[305] La prétendue période flamboyante du professeur Frederick Soddy, où

PIB. Il est prévu pour atteindre les 9,6% du PIB en 2020 et 15% d'ici 2030. Ce déclin en bénéfice énergétique, qui causera la fermeture généralisée de pans entiers du secteur minier et industriel, et affectera l'agriculture, prédit une chute très substantielle du niveau de vie.[306]

Les coûts croissants d'extraction énergétique ne sont pas les seules épreuves qui attendent l'humanité. Au cours des 100 dernières années, la consommation d'eau a quadruplé et continue d'augmenter. À l'heure actuelle, 1,6 milliard de personne font face à une pénurie d'eau et d'après un récent rapport américain de juin 2014, la demande mondiale d'eau dépassera l'offre disponible de 40% en 2030.[307]

Cependant, le facteur qui surpasse toutes ces considérations macro-économiques est la chute du taux de natalité du monde développé. Au tournant du vingtième siècle, la population blanche du monde s'élevait à 590 millions ou 36% d'un total de 1,65 milliard. À présent, sa part dans la population mondiale s'est réduite à 15%. Deux guerres mondiales fratricides inutiles déclenchées pour la maintenance du système usuraire ont provoqué ce déclin catastrophique.

---

avant que l'entropie ne se déclare, ce qui en ce cas signifie la pénurie de matière premières relativement rares.

[306] Virtuellement, toutes les terres agricoles étaient cultivées en 1960. Entre 1950 et 1984, par exemple, la production mondiale de céréales a augmenté de 280%. Cependant, l'augmentation de la production agricole a reposé presqu'entièrement sur les fertilisants utilisés. Des apports énergétiques adéquats permetraient presque de réduire la production alimentaire de moitié.

[307] http://theeconomiccollapseblog.com/archives/25-shocking-facts-abouttheearths-dwindling-water-resources

Le tableau suivant illustrant le taux de fertilité[308] révèle l'inévitabilité et la certitude presque mathématique qu'en 2100, la plupart des peuples blancs et une large proportion des peuples asiatiques du nord-est de l'Asie auront disparu.

Nigéria	5.32
Pakistan	3.52
Égypte	2.89
Bangladesh	2.83
Inde	2.81
Indonésie	2.18
Mexique	2.21

La première colonne du tableau du taux de fécondité ci-dessus, liste tous les pays avec une population supérieure à 100 millions, tandis que le tableau suivant liste les pays à population majoritairement blanche et celle des nations de l'Extrême-Orient. Le taux de fécondité nécessaire au remplacement de la population est de 2,11.[309] Ainsi les populations blanches, chinoises et japonaises seront sérieusement décimées en l'espace de trois générations,[310] et à moins que le taux de natalité augmente significativement, feront face à leur éventuelle extinction.

---

[308] www.en.wikipedia.org/wiki/List-of-sovereign-states-and-dependentterritories-by-fertility-rate
[309] Le taux de fécondité moyen du monde est de 2,55 mais il est difficile d'établir si ce nombre a été calculé arithmétiquement ou par une moyenne pondérée.
[310] L'âge moyen actuel auquel une femme donne naissance à son premier enfant est de 30 ans, tandis qu'il était de 25 ans il y a 40 ans de cela.

USA	2.05
Royaume-Uni	1.94
Brésil	1.90
France	1.89
Australie	1.79
Suède	1.67
Chine	1.55
Canada	1.53
Allemagne	1.41
Espagne	1.41
Italie	1.38
Russie	1.34
Japon	1.27
Afrique du Sud	2.64 Le taux de fécondité des blancs est de 1,5.

À partir du tableau ci-dessus, il doit être précisé qu'un taux de fécondité de 1,3 prend 80 à 100 ans avant d'être inversé, ce qui est presqu'impossible ; tandis qu'historiquement un taux de fécondité de 1,9 n'a jamais été inversé. Par ailleurs, la sévérité du déclin de la population blanche est camouflée par le fait qu'une large proportion de non-blancs qui ont un taux de fécondité supérieur, sont inclus dans ces nombres.

Le pourcentage des blancs dans les principaux pays suivants se présente ainsi :

    Brésil   48
    Allemagne   88[311]

---

[311] D'après le bureau des statistiques allemandes Destasis, 15 millions ou 19% de la population allemande de 80,2 millions sont d'origine non-

Royaume-Uni	86[312]
Australie	85
France	85
Russie	81
Canada	80
États-Unis	65[313]

On compte beaucoup sur la Chine pour sauver l'économie mondiale, mais le taux de fécondité des territoires voisins de Hong Kong (population de 7 millions) sont de 0,97 pour ce dernier et de 1,10 pour Taiwan (population de 23,3 millions), démontrant nettement une tendance au déclin, et suggère que la Chine continentale ne tardera pas à rejoindre ces taux de fécondité, à mesure que son niveau de vie continue d'augmenter. Ces taux de fécondité déclinants en Chine sont aussi favorisés par la politique de l'enfant unique du gouvernement chinois, en application depuis 1979. Une croissance zéro de population est attendue en Chine d'ici 2025.

Depuis la Seconde Guerre mondiale, un nombre grandissant de femmes mariées au sein du monde occidental, trompées par la propagande maléfique du féminisme et de l'égalité des sexes, ont été forcées de chercher du travail, pour que leurs familles puissent payer le montant toujours croissant des intérêts nécessaires à joindre les deux bouts. La plupart de ces intérêts sont collectés au travers des emprunts

---

allemande. Le recensement fut conduit le 9 mai 2011.
[312] *Heritage and Destiny*, The Changing Face of a Disunited Kingdom, Preston, England, mars-avril 2013, p. 3.
[313] M. Merlin, *Our Vision for America*, A2Z Publications LLC, Las Vegas, 2012,ix.

immobiliers, c'est-à-dire sur de l'argent que les banques ont créé à partir de rien. Le résultat direct de ce système financier inique a été la destruction de la vie familiale normale et une réduction dramatique de la fécondité féminine. D'après Aaron Russo, les Rockefeller furent derrière ce schéma diabolique qui fut mis en place afin d'attirer les femmes dans le filet des impôts sur le revenu, de déstabiliser la société et de mettre en place le Nouvel Ordre Mondial.[314] C'est ainsi que nous pouvons établir un lien indéniable entre l'usure et le déclin démographique. Même si le système usuraire était entièrement aboli d'ici cinq ou dix ans, ces tendances ne seraient pas aisément réversibles à court ou moyen terme. Si l'usure demeure, alors le monde doit se préparer à traverser une période de dépression, similaires à l'Âge Sombre, qui durera pendant des siècles.

Il a été démontré de manière concluante dans les chapitres précédents, qu'un système bancaire étatique et l'émission de la monnaie d'une nation souveraine, sont les seuls moyens de fournir un ordre naturel garantissant l'harmonie, la paix et la prospérité fondé sur l'indépendance ethnique de tous les peuples.

Malgré de nombreuses avancées technologiques, les 300 dernières années ont vu une détérioration progressive de la civilisation occidentale européenne. La concentration excessive de pouvoir et de richesse, basée

---

[314] Voir https://www.youtube.com/watch?v=IdM8UN2aG_E où feu Aaron Russo, un ami du membre du Council on Foreign Relations, Nicholas Rockefeller, révèle aussi que le magazine de Gloria Steinem *Ms. Magazine*, fut financé par la CIA.

uniquement sur des méthodes bancaires malhonnêtes, a permis à une petite clique de banquiers criminels de contrôler les médias et le système éducatif et ainsi de laver le cerveau d'une humanité aussi atomisée que dépourvue de réflexion, égarée par le confort superficiel de la démocratie et du matérialisme, tout en se plongeant dans une orgie de guerres sauvages et inutiles, à la seule fin de perpétuer ce système de banque centrale qui organise la dégradation culturelle nous menant tout droit à notre propre extinction démographique.

APPENDICE

Lettre du Président Abraham Lincoln

au Colonel E. D. Taylor

Chicago

Illinois

Décembre 1864

Colonel E. O. Taylor,

J'ai depuis longtemps décidé de rendre publiques les origines des greenbacks (billets verts) et déclarer à la face du monde qu'ils sont la création de Dick Taylor. Vous m'avez toujours témoigné de l'amitié lors des moments difficiles que nous avons traversés, et bien que mes épaules soient larges et volontaires, j'étais affaibli et entouré de telles circonstances adverses que je ne savais pas vers qui me tourner. Puis, dans une situation extrême, je me suis dit : « envoyons chercher le Colonel Taylor ; il saura que faire. » Je pense que c'était en janvier 1862, aux environs du 16, que j'en décidai ainsi. Vous m'avez rejoint et je vous ai demandé : « Que pouvons-nous faire ? » Vous m'avez alors dit : « Pourquoi ne pas émettre des billets du trésor sans intérêt, imprimés sur le meilleur des papiers bancaires. En émettre suffisamment pour payer les dépenses militaires et en faire la monnaie légale. » Chase pensait qu'il s'agissait d'une initiative hasardeuse, mais nous l'avons finalement accompli et avons donné au peuple de cette République la plus grande bénédiction qui soit – leur propre papier-monnaie pour payer leur propre dette. C'est à vous que nous le devons, le père de l'actuel billet vert que le peuple devrait connaitre, et je prends un immense plaisir à le faire savoir. Combien de fois ai-je ris de vous lorsque vous me disiez que j'étais trop fainéant pour être autre chose qu'un avocat.

Sincèrement vôtre,

A. Lincoln.

Cette lettre manuscrite fut vérifiée et documentée le 10 février 1888 par le 50ème congrès des États-Unis.

Billet de la **Réserve Fédérale** – Monnaie ploutocratique émise par la banque privée de Réserve Fédérale américaine.

Billet des États-Unis – Véritable monnaie émise par le gouvernement qui circula de 1862 à 1994. Le 4 juin 1963, le Président John F. Kennedy émit l'Ordre Exécutif N°11110 qui donna pour instruction au Trésor d'imprimer pour $4 milliards de billets de $2 et $5, dont un exemple est reproduit ci-dessus. Ces billets, adossés à l'argent métal présent dans les coffres du Trésor, furent émis sans dette et sans intérêt ; le produit du droit de seigneuriage n'allant pas à la Réserve Fédérale privée, mais au gouvernement des États-Unis. Cette émission faisait partie d'un plan à long terme de Kennedy pour réduire le pouvoir de la Réserve Fédérale. Le 22 novembre 1963, Kennedy fut abattu à Dallas au Texas, par des assassins supposément commandités par Rothschild.

CRITIQUE DE MATTHEW JOHNSON

Une des choses les plus difficiles à expliquer aux étudiants des universités américaines, est la manière dont le capitalisme et le communisme ont plus en commun qu'il n'y parait. En fait quelle que soit la manière de l'expliquer, la vieille rengaine claironnant que les deux sont « opposés », prévaut toujours. Même pire, expliquer aux étudiants ainsi qu'à leurs parents ahuris, que le système bancaire et les conglomérats industriels américains ont financé la révolution Rouge Soviétique et ont entièrement bâti l'appareil industriel Soviétique, est également un exercice aussi désespéré qu'exaspérant.

Une manière simple de définir tout cela serait de dire que pour les banquiers modernes, le contrôle étatique de l'économie tout entière à partir d'un seul endroit est ce qu'ils considèrent comme le paradis. Il n'y a qu'un seul plan, un système bancaire et un système social en place ; cela signifie que les banques ne font que faire suivre l'argent, tout en attendant que l'état, et non l'économie en tant que telle, leur rembourse les intérêts requis. En d'autres termes, l'économie dirigée est celle qui présente aux banques la figure la plus sympathique. Il n'est pas nécessaire d'établir les liens entre les banques privées et l'économie d'état. Il est tout aussi simple pour un banquier de travailler pour le Parti que pour Goldman-Sachs.

Le capitalisme et le socialisme reposent sur le matérialisme. La production et l'utilité sont considérées comme le bien, l'efficacité des méthodes est considérée comme la condition *sine qua non* de la contemplation éthique. Les deux systèmes sont orientés vers la technologie, professent une vision linéaire de l'histoire, et cherchent à mécaniser tous les aspects de la vie humaine. À mesure qu'ils se développent, le système économique et l'état fusionne en une seule machine. L'erreur des libertariens a toujours été de croire que l'état et le capital privé sont en opposition. Alors que c'est l'inverse qui est vrai. Une grande concentration du capital est toujours profondément lié à l'état, l'utilisant à la fois comme garde-fou et comme régulateur afin de maintenir un accès considérablement limité au marché. La défaite du Département de la Justice par Microsoft en 2010-2012, démontre le déséquilibre du pouvoir entre le capital privé et l'état. Cela peut paraître un sujet éloigné pour une étude du système bancaire. Pour le professeur typique d'économie politique, cela l'est bel et bien. Mais pour ceux, comme M. Goodson, qui ont été membres du comité directeur de la Banque Centrale d'Afrique du Sud pendant de nombreuses années, le point de vue académique pris isolément parait une absurdité. M. Goodson était tout sauf isolé, et il a assisté à la prise de contrôle étroite de la vie économique par les gigantesques conglomérats bancaires à travers le monde. Il en a été le témoin privilégié.

Ce livre n'est pas une étude des techniques économiques. Il s'agit heureusement d'une étude historique. Goodson réalise ce dont la plupart des économistes sont incapables : le fait que pour comprendre un phénomène économique, il doit être considéré comme le résultat de décennies de développement historique. Chaque aspect de l'ensemble vient continuellement renforcer la vision globale et l'ensemble est lui-même, tel un organisme, en constante évolution, à mesure que l'histoire présente de nouveaux défis, de nouveaux projets et de nouvelles victimes.

En d'autres termes, la vie secrète des banques n'est pas seulement le résultat de la volonté d'un groupe d'hommes se réunissant sur une île au large des côtes de la Géorgie. Ils étaient eux-mêmes les acteurs d'un courant historique qui remonte aux premières civilisations mésopotamiennes, ayant culminé à Rome. Le fait que l'ensemble ait toujours reposé sur les mêmes valeurs, quelle que soit la civilisation au sein de laquelle il s'est niché, est si impressionnant qu'il mérite une analyse approfondie. Cependant, étant donné les retombées politiques d'une telle honnêteté, M. Goodson a dû démissionner car bien peu de membres du monde institutionnel prendraient la peine de mentionner ses travaux, encore moins d'y adhérer.

Il existe une constante historique qui se dégage clairement de cette étude : que la distinction essentielle entre la monarchie et le républicanisme (d'une manière générale) est de nature économique. Les républiques sont normalement des oligarchies, ou tout au moins en contiennent les germes. Les monarchies, comme elles sont en guerre perpétuelle contre leur propre noblesse, rejettent souvent les soupçons d'oligarchie. Que cela soit le parti national socialiste de Chine ou de Biélorussie, la banque royale de St. Pétersbourg ou la dictature centralisée de l'ère augustinienne, toute forme d'étatisme fort a mené une guerre contre le monopole bancaire. Aucun dirigeant autoritaire n'a jamais accepté la rivalité d'un médiateur économique tout-puissant. Bien sûr, il existe quelques exceptions des deux côtés, mais l'histoire démontre clairement que les états forts, ceux qui sont basés sur l'autorité traditionnelle, rejette l'alchimie de la monnaie et de l'usure.

Rome

Du temps de Cicéron, Rome s'éloignait déjà rapidement de son oligarchie sénatoriale, pour se diriger vers l'empire militaire de Sylla et de ses successeurs. L'impact immédiat, une fois que la poussière des guerres civiles fut retombée, fut de contrôler la frappe de la monnaie et l'usure. Jules César chercha à limiter le versement des intérêts à 1% par mois et, dans un élan populiste rarement vu dans l'histoire, il bannit leur accumulation composée. De surcroit, tout intérêt accumulé ne pouvait jamais surpasser le principal originel.

À Byzance, l'Empire Romain d'Orient, les intérêts étaient officiellement limités à 5%, à prendre ou à laisser, mais cela ne pouvait être maintenu que sous un règne d'empereurs à poigne. Par exemple, Basile II rejeta tout intérêt et força les propriétaires fortunés à assister les pauvres paysans. Sa puissance, bien que commune, se heurtait généralement à une réaction aristocratique qui plaçait alors des empereurs marionnettes à Constantinople. Cependant, sous un tel système, la Rome orientale était dotée d'une économie vibrante et populaire. Sa monnaie servait d'étalon général en des contrées aussi reculées que la Chine. Les paysans étaient des propriétaires terriens libres et le féodalisme n'existait pas. L'inflation était également absente et le commerce florissant favorisait toujours le capital. C'est la raison pour laquelle les états oligarchiques tels que Venise, Dubrovnik et les intrus normands de Sicile, n'ont eu de cesse de financer les ennemis de Rome.

Après 1204, lorsque les croisés normands s'emparèrent de Constantinople, la domination des oligarques vénitiens s'imposa. Après avoir abandonné leur autonomie financière aux infusions régulières d'argent vénitien, les empereurs du $14^{\text{ème}}$ et $15^{\text{ème}}$ siècle condamnèrent Byzance à mort. Ayant perdu toute indépendance économique et voyant l'immense richesse de l'orient être englouti dans le paiement des intérêts à l'Italie, Byzance s'effondra finalement sous une invasion turque financée par l'Italie en 1453. Venise devint l'allié inconditionnel de la Turquie.

Il n'y a pas ici de mystère économique. Là où l'usure est étroitement contrôlée, la fuite continuelle et l'empilement de la richesse vers les centres bancaires n'existent pas. Cette hémorragie financière signifie que la valeur demeure là où elle doit être : avec les petits entrepreneurs et les petits propriétaires terriens. Sans l'augmentation mathématique des intérêts, une simple portion du travail d'aujourd'hui était suffisante à maintenir la stabilité monétaire, l'approvisionnement nécessaire et une noblesse forcée de servir l'état plutôt que de s'en servir. Avec le système moderne de l'usure, la centralisation est inévitable car les intérêts composés viennent continuellement aspirer toute valeur économique ajoutée, pour venir s'entasser dans les coffres de la cabale.

L'ANGLETERRE

L'Angleterre n'était en rien différente. Avant l'invasion normande, l'Angleterre anglo-saxonne, même après les attaques des Vikings, vivait dans un âge d'or financier. De nouveau, les petits porteurs étaient la norme, le commerce urbain maintenait des prix bas, et le manque de capitaux liquides empêchait toute centralisation. Sous un tel système, le féodalisme ne pouvait pas exister. L'usure fut proscrite en Mercie sous Offa le Grand et la tentative frénétique d'Alfred de centraliser le pouvoir dans le Wessex contre les danois, le mena également à refuser les « services » de la cabale bancaire. Cependant, les banques italiennes, étaient très intéressées par l'assaut planifié de Guillaume le Conquérant contre le bastion des anglo-saxons et le fait de supprimer l'influence scandinave en Angleterre. À sa suite, se tenait une petite armée de juifs marchands d'esclaves, de vénitiens et de banquiers romains. L'usure fut pour un temps autorisée sous l'hégémonie normande. La veille aristocratie anglaise fut massacrée et Guillaume le Conquérant importa une nouvelle noblesse ayant des liens étroits avec l'Italie. Le féodalisme avait ainsi fait sa première apparition sur le sol anglais. Plusieurs siècles plus tard, l'Irlande, devait aussi connaitre les bénéfices du progrès normand.

Un tel progrès, à l'époque du roi Étienne, a conduit à la création d'un système bancaire facturant une moyenne de 33% d'intérêts sur les terres hypothéquées et 300% sur les capitaux. En l'espace de deux générations, plus de 66% des terres anglaises se retrouva entre les mains des banquiers Juifs et italiens. Cela peut expliquer le besoin constant de l'Empire Plantagenêt de s'emparer de plus en plus de terres françaises.

Tel fut le sort de l'Angleterre normande jusqu'au règne d'Édouard Ier (1307), qui imita les byzantins (où beaucoup d'anglo-saxons avaient servi après 1066) en limitant étroitement les intérêts et leur accumulation. Expulsant les banquiers du pays, il déclencha un âge de prospérité qui fut malheureusement écourté par la peste. Ce n'est pas un hasard si juste au moment où Byzance avait abandonné sa souveraineté à Venise en échange de l'utilisation de sa marine, l'Angleterre prit la direction opposée contre l'Italie et Rome.

À partir du règne d'Édouard Ier jusqu'à la grande peste, l'Angleterre fut prospère. L'année de travail comprenait 14 semaines, correspondant à un période suffisante pour pourvoir à l'essentiel. Le calendrier ecclésiastique, en Europe occidentale et orientale, nécessitait entre 100 et 140 jours de congés par an, sans compter les dimanches et la période après la pâque. Bien sûr, le capitalisme devait mener une guerre sans-merci à l'église et chercher la sanction Protestante pour éliminer les jours saints du calendrier. Le règne du petit propriétaire était de retour pour la première fois depuis Édouard le Confesseur. Malheureusement, ce ne fut pas le dernier. La Réforme, une fois que l'influence de Luther eut déclinée, avait des idées différentes sur l'argent.

Une fois qu'Henri VII eut stabilisé l'Angleterre après la Guerre des Roses, le temps de l'ascension des banques était revenu. La Réforme et l'immoralité d'Henri VIII fournirent l'excuse nécessaire. La Réforme fut une tentative des Stuarts pour commencer à centraliser le pouvoir, une fois que les membres de la vieille noblesse se furent massacrés entre eux. Les terres monastiques furent sécularisées, un marché du foncier se développa et le financement du commerce lointain devint une priorité. Henri VII devint le dernier souffle d'un état traditionnel puissant. D'Henri VIII à Édouard VI, puis à Élisabeth, une nouvelle oligarchie qui nécessitait la pompe de la monarchie comme paravent, avait pris le pouvoir. Très vite, une fois qu'elle eut pris confiance en son rôle, elle nécessita le concours de Guillaume d'Orange pour justifier son existence.

L'Espagne, une fois l'Islam finalement repoussé, chercha à se débarrasser des sépharades, les alliés traditionnels du califat musulman. Le nationalisme espagnol était consubstantiel à l'église et à l'état, étant pour tous deux un vecteur de purification et de régénération. Se déplaçant à Amsterdam, les sépharades reconstruisirent leur quartier général bancaire, créant une « base » d'influence reposant sur quatre piliers : le commerce de céréales de la baltique, les banques d'Amsterdam, Constantinople, le marché Turc et le plus important, la Pologne. Cela représentait le courant vers la modernité, car le prix des céréales s'envola en Occident, forçant l'Orient à en exporter de plus en plus.

Sous le règne d'Élisabeth et certainement durant et après la Révolution Anglaise, l'Espagne était l'ennemie. L'Irlande Catholique sollicita l'assistance espagnole contre la spoliation des Gaels par l'Angleterre, une chose que Cromwell devait punir avec une dureté génocidaire. L'importation d'argent métal depuis le nouveau monde par l'Espagne, menaçait le règne des banques. Le régime bancaire finança la rébellion hollandaise contre les espagnols, tandis que la presse mondiale ne se privait d'aucune rhétorique excessive afin de dénoncer la présence des armées espagnoles en Europe du nord. Les ennemis britanniques de l'élite bancaire regardaient aussi vers l'Espagne pour une éventuelle assistance.

Une fois que Charles Ier fut vaincu en 1645 et que Cromwell mis en place sa dictature militaire sur l'Angleterre et l'Irlande en 1653, le régime bancaire avait à présent détruit ses ennemis et sécurisé sa place. L'occupation pacifique de Winchester par Guillaume d'Orange 30 ans plus tard, signifie que les banquiers avaient maintenant l'Angleterre à leur disposition pour en user contre la France et l'Espagne. Il ne surprendra personne que les Jacobites aient dépensé tant de temps et d'efforts à attaquer l'élite bancaire qui s'était emparée du pouvoir avec tant de véhémence. Ni James Ier ni James II ne croyaient au « droit divin », pas plus qu'ils ne souhaitaient imposer leur dictature. Seul Cromwell cherchait cet honneur. Pourtant, les James furent accusés de tous les crimes possibles. James prônait la tolérance religieuse, non une « théocratie espagnole », comme les Whigs devaient plus tard le prétendre. Le parti Whig défendait le système de l'usure, et en tant que tel, il fut toujours le mouvement politique qui cherchait la guerre avec la France, l'Espagne et éventuellement la Russie, de manière la plus féroce.

Le Parlement, devenu à présent l'instrument du capitalisme et de l'empire, était en quête de la moindre excuse pour se venger de l'Espagne. La « démocratie » et la « volonté du peuple » étaient considérées comme identiques aux intérêts des commerçants et des marchands. L'Angleterre était devenue une oligarchie.

Les dirigeants catholiques devaient à jamais être interdits de règne sur Londres, quel que soit le désir de neutralité religieuse de James. La guerre de Guillaume avec la France fut financée par tout l'établissement bancaire d'Amsterdam, une chose qui fut clairement admise par Guillaume d'Orange lui-même, lorsqu'il essaya d'arranger un mariage avec un Stuart qui devait rester sans enfant.

L'Ukraine et la Pologne

Ce n'est certainement pas une coïncidence si le règne de Cromwell et le lent génocide des résistants irlandais et des Jacobites anglais, se déroulèrent en même temps que se développait le mouvement opposé sur l'autre « pôle » du « pré carré commercial » Juif. La croissance de la population de l'occident, ainsi que la centralisation progressive des états, conduisirent à une croissance de la demande en céréales. Cela signifiait, entre autres choses, que la noblesse avait besoin d'intensifier son servage sur les paysans et consacrer une part plus importante de la production à l'exportation.

La noblesse polonaise avait donné aux Juifs le monopole du commerce par voie terrestre, de la vie urbaine, du marché de la location et de l'alcool. Les sources historiques officielles de l'histoire ukrainienne sont toutes forcées d'admettre cela. La monarchie polonaise impuissante chercha à reprendre le pouvoir, comme ce fut le cas autre part, à travers une alliance passée avec les villes. Considérant cela comme une menace, les nobles polonais contrecarrèrent cela en accueillant des Juifs Khazars en quête d'une nouvelle patrie après la chute de l'Italie des siècles auparavant.

Non seulement, ils la trouvèrent, mais leur pouvoir officiel et leur succès atteignirent un tel degré que les prétentions rabbiniques selon lesquelles le 17ème siècle était une époque « messianique », étaient très courantes. En fait, il s'agissait d'un battement de tambour annonçant que le temps du sauveur était proche. Ils subirent à la place la révolte du Cosaque Hetman Bogdan Khmelnytsky. La révolte de Khmelnytsky fut l'inverse de celle de Cromwell. Les cosaques se battirent contre une oligarchie de longue date, tandis que Cromwell cherchait à en établir une.

L'ascension de Khmelnytsky en 1648, fut le seul évènement qui définit pour l'éternité le nationalisme ukrainien. Rien ne fut plus comme avant. La Pologne manqua de s'effondrer. Les Juifs durent s'enfuir pour garder la vie sauve. Les Tartares Criméens parvinrent à se libérer de la tutelle de la Turquie. Rome était en panique, car ses églises, longtemps associées avec l'usure, furent brûlées par les Cosaques, se souvenant que leur construction s'était déroulée un siècle auparavant, sur les ruines des églises orthodoxes. Encore titubante sous la Réforme, Rome faisait à présent également face à son éradication en orient. Le Patriarche de Jérusalem, Paisios, sacra Hetman Khemlnytsky « Monarque de toutes les Russies ». La Russie, Vienne, la Prusse et Paris étaient à présent capables de centraliser leur pouvoir et de défier Rome. La Russie conservait des griefs particuliers à l'égard de Rome, car c'était la papauté qui avait déclaré une croisade contre la Russie du nord en 1256, financé l'expansion mongole et qualifié l'attaque polonaise sur l'Ukraine, de « guerre sainte ». Tandis que Paris et Vienne demeuraient Catholiques, il s'agissait d'un catholicisme national, où la couronne, et non Rome, commençait à sélectionner les Archevêques. Cela ne devait pas durer.

Rome s'arrangea pour suggérer aux criméens d'abandonner les Slaves Orthodoxes. La mort d'Herman Khmelnytsky en 1657, conduisit à une division au sein de l'armée cosaques, entre les hetmans et les deux rives du Dniepr. Hetman Ivan Vyhovsky et Pavlo Teteria cherchaient une alliance polonaise, Briukhovetsky en orient, se tourna vers Moscou et Doroshenko, en désespoir de cause, s'en fut voir les Turcs. En 1708, Hetman Ivan Mazepa se rendit auprès des Suédois. Un désastre s'ensuivit et parmi les historiens ukrainiens, cette période est désignée comme la « ruine ».

À mesure que la Russie se rapprochait de Dniepr, Vienne s'alarma de la russification potentielle de la plupart de l'Europe de l'Est (y compris les Balkans) et mobilisa ses efforts contre elle. Retrouvant un peu de marge de manœuvre, la Pologne retrouva sa stabilité antérieure et la noblesse retourna au pays. Un siècle plus tard, la rébellion cosaque d'Haidaimak conduisit à l'impensable : le traité « d'amitié éternelle » (c.-à-d. la Trêve d'Androussovo, 1667) entre la Pologne et la Russie divisant l'Ukraine en deux empires distincts. La rébellion d'Haidaimak fut écrasée par un effort concerté de Moscou et de Krakov et tout redevint exactement comme avant 1648.

Tout comme en Angleterre, sous le règne cosaque, la société était divisée en comtés, gérés par une démocratie locale faisant montre d'un total manque d'intérêt à l'égard de l'usure. Les résultats typiques s'ensuivirent : les communautés slaves traditionnelles firent leur réémergence et une stabilité politique et économique en résulta. Le lent soutien de l'aristocratie cosaque, financée par St. Pétersbourg, conduisit à l'imposition d'une oligarchie qui permit aisément à Catherine II, au milieu du 18ème siècle de mettre à jamais fin aux Hetmanates.

LES ÉTATS-UNIS

Les colonies décentralisées des USA furent généralement prospères. Des terres à foison, d'excellents ports et un fort esprit pionner ont généré un monde avancé à partir de presque rien. Lorsqu'on l'interrogea sur tous ces phénomènes, Benjamin Franklin formula sa célèbre remarque :

> « C'est très simple. Dans les colonies, nous émettons notre propre monnaie. Elle s'appelle le script colonial. Nous l'émettons en proportion de la demande de l'industrie et du commerce afin de faciliter le transfert des produits des producteurs aux consommateurs. De cette manière, créant nous-même notre propre monnaie-papier, nous en contrôlons le pouvoir d'achat, sans avoir d'intérêt à payer à quiconque. » (Benjamin Franklin, Londres, 1763)

À l'exception de l'exécrable Alexandre Hamilton, les pères de l'Amérique, bien que divisés sur presque toutes les autres sujets, ne faisaient qu'un au sujet des banques. Il s'agissait d'un domaine abhorré. La valeur du dollar demeura stable jusqu'en 1917. Cependant, les cycles de bulles et de crises depuis la Guerre de Sécession, l'immense augmentation du pouvoir fédéral, la Première Guerre mondiale et la formation de l'empire Américain, aidèrent à préparer la mise en place de la cabale privée de la Réserve Fédérale aux États-Unis. (Le terme « fédéral » devant être compris dans ce cas comme similaire à celui de « Federal Express »).

Le fait est que les craintes des Anti-Fédéralistes étaient fondées : le gouvernement US de Washington était devenu extrêmement puissant, arrogant et complètement coupé des américains. Il avait été longtemps sous l'emprise d'un embryon d'oligarchie qui prit bientôt la forme de la Fed, de l'Empire Rockefeller, du culte de Carnegie et de l'état de guerre testé au cours de la guerre hispano-américaine et dans les derniers mois de la Première Guerre mondiale.

De 1914 à 1920, les prix augmentèrent de 125%, comme Goodson le relate si bien. Le dollar perdit presque 60% de sa valeur en six ans. Les bons du trésor fédéral connurent en même temps une chute de 20% de leur valeur, ce qui eut pour effet de rendre les anciens bons plus chers. Pourtant, le remboursement des nouveaux bons meilleur marché fut exigé par les banques, ce qui signifiait bien sûr que l'argent était dû.

Une instabilité supplémentaire fut causée lorsque les prix des chemins de fer et des autres modes de transport s'envolèrent. Les petites exploitations qui constituaient autrefois la colonne vertébrale de la prospérité américaine, furent lentement rendues économiquement non viables, avant de disparaitre définitivement. Ce qui, en pratique, signifiait un transfert massif de richesses de la campagne vers les villes. La production agricole s'écroula de 50%. La guerre sur l'Amérique rurale était déclarée et n'en était pas encore à son terme. Le déficit fut bientôt comblé par l'Agribusiness, rendu possible par une centralisation du crédit cherchant à financer des conglomérats plus importants, considérés comme des entités plus sécurisantes que les petites structures.

En 1927, la Fed abaissa ses taux et ainsi, augmenta la masse monétaire. Mais c'était l'époque des « années folles », les débuts d'une oligarchie à découvert, en tant qu'entité confiante et dénuée de toute opposition sérieuse. Cela signifie que l'argent était considéré comme une valeur à part entière, séparée de la production réelle. L'argent partait dans le marché boursier, décuplant la demande et gonflant les prix. Les marges étaient accrues à travers la dette, et le ratio prix-revenu s'éleva à 50:1, c'est-à-dire que le prix des actions était bien supérieur à la capacité productive du capital impliqué. Vu différemment, le prix des actions n'avait aucun rapport avec la santé financière des firmes concernées, la productivité du capital ou du travail, ni la valeur ajoutée en résultant.

Ainsi, en 1927, le marché boursier américain était une imposture. Les prix reflétaient les investissements spéculatifs, l'argent facile et la perception, qui demeure un mystère psychiatrique, qu'une telle fausse croissance durerait toujours. La viabilité financière des firmes n'avait aucune importance. En 1929, la Fed augmenta ses taux d'intérêt à 6%. Le signal était clair : le marché boursier dans son ensemble, vit sa valeur chuter de 83%. 10,000 banques firent faillite, et les courtiers, travaillant sur des bulles constituées de dettes, furent ruinés.

LA RUSSIE

La prospérité et la croissance économique russe débuta à la libération des serfs par Alexandre II en 1861. Les serfs se trouvant sous le contrôle direct de l'état avaient déjà été affranchis par le Tsar Nicolas Ier. Comme ce fut souvent le cas, les plus autocrates des monarques furent les seuls à avoir le courage de passer par-dessus la tête des élites, pour imposer des législations en faveur des paysans. Contrairement à l'affranchissement des serfs autrichiens quelques années auparavant et la libération des esclaves sudistes par Lincoln, les serfs russes reçurent des terres en même temps que leur liberté. L'état remboursa la noblesse et, avec le temps, les paysans purent rembourser l'état. Les paiements étaient très bas et le Tsar Nicolas II les annula tous en 1905. Cela n'était qu'un autre clou dans le cercueil de la noblesse.

Les serfs russes n'avaient jamais été des esclaves. Le servage, une réaction aux invasions polonaises et suédoises du 17ème siècle, n'avait affecté que les paysans des régions de la terre noire de la Russie du sud. Il n'avait jamais existé dans le nord, ni en Sibérie. En Russie centrale, il n'affectait que les serfs devant effectuer certaines tâches en paiement de services rendus ou de biens consommables. Mais à partir de 1840, la plupart des paysans payaient des loyers, signifiant ainsi qu'ils n'étaient plus des serfs. Le servage, en Russie, signifiait vraiment la garantie pour un paysan de posséder la terre nécessaire à sa survie et dans le même temps la garantie de revenus stables, car ils servaient directement l'état, en fournissant notamment les effectifs militaires. Comme tout le monde était au service de tout le monde, le système était équilibré. Sous le Tsar Paul et sa mère, Catherine II, les nobles furent libérés du service de l'état, et devinrent ainsi politiquement impuissants.

Les paysans jouissaient d'un gouvernement autonome au sein des communes, où tous les postes étaient désignés par la tenue d'élections. Le *volost*, ou gouvernement du comté, était également élu, avec une représentation égale de toutes les classes sociales. Le système judiciaire au niveau des *volost* et des communes était basé sur l'exercice d'une pure démocratie paysanne. Les juges de la commune étaient exclusivement membres de la paysannerie et les cours des *volost* comportaient deux nobles et deux représentants des paysans. Dans l'ensemble, la noblesse russe était financièrement dans une situation pire que celle de la paysannerie, croulant sous les dettes et depuis longtemps exemptée du service de l'état. Elle n'avait rien d'autre à faire que d'acheter des objets de luxe occidentaux au-dessus de ses moyens. Les communes de paysans avaient le droit d'annuler les lois fédérales, et étaient en général complètement autosuffisantes. Si la Russie souffrait bien d'une chose, c'est d'un excès de démocratie !

En 1861, le *volost* fut remplacé par le *zemstvo*, un puissant système de comtés doté d'une chambre basse de paysans et d'une chambre haute de nobles, le plus souvent pauvres. Le *zemstvo* était en charge de l'éducation, des infrastructures publiques, de la vie ecclésiastique, de la collecte des impôts et de la police. Il n'y avait aucun domaine de la vie paysanne qui ne reposait pas sur la démocratie locale. Un « capitaine terrien », d'habitude un noble pauvre, était élu pour effectuer des médiations dans les conflits entre les paysans et les nobles, et parfois, les paysans s'adressaient au capitaine s'ils avaient quelque grief à l'égard de la commune ou des autorités du *zemstvo*. Politiquement parlant, à partir de 1850, les nobles étaient devenus politiquement impuissants.

Ainsi, l'affranchissement des serfs et la création de la presse libre, du *zemstvo* et une infinité de réformes éducatives, mirent fin au processus révolutionnaire, ce dernier étant presqu'entièrement financé à partir de la Grande-Bretagne. La main anonyme, considérant ceci comme intolérable, fit assassiner Alexandre II en 1881. Son fils, Alexandre III, poursuivit le programme de réformes engagé par son père, et étant un homme à poigne et fort déterminé, il écrasa le mouvement révolutionnaire jusqu'à sa mort en 1894.

Le Tsar Alexandre III établit la Banque Foncière des Paysans dès le début 1880, qui accordait des prêts sans intérêt aux paysans, car il cherchait à canaliser les investissements pour les injecter dans l'amélioration des conditions agricoles. Le Tsar Alexandre et son ministre des finances, Nikolaï Bunge, conçurent et mirent en place le droit du travail le plus complet de l'histoire européenne. Son fils, Nicolas II, le compléta continuellement jusqu'à ce qu'éclate la Première Guerre mondiale.

« Les russes furent des pionniers en matière de

droit du travail. Le travail des enfants fut aboli plus de 100 ans avant qu'il ne le soit en Grande-Bretagne en 1867. La Russie fut le premier pays industrialisé à passer des lois limitant les heures de travail dans les usines et les mines. Les grèves qui furent interdites en Union Soviétique, étaient autorisées mais peu courantes du temps du Tsar. Les droits syndicaux furent reconnus en 1906, tandis qu'une inspection du travail contrôlait strictement les conditions de travail au sein des usines. En 1912, une couverture sociale fut introduite. La législation du travail était si avancée et humaine que le président des États-Unis, William Taft, déclara : « l'Empereur de Russie a promulgué une législation des travailleurs plus proche de la perfection que celle de n'importe quel pays démocratique. » Les peuples de races différentes vivant au sein de l'Empire Russe jouissaient d'une égalité de statut et d'opportunité sans équivalent dans le monde moderne. Sa Majesté Impériale, le Tsar Nicolas II (1894-1917) et sa banque d'état ont créé un paradis des travailleurs sans équivalent dans l'histoire de l'humanité. » (Goodson)

Il n'y a ici aucun mystère. L'empereur allemand, tout aussi autocrate, fit passer des législations similaires. Dans les deux cas, la croissance économique dans les secteurs agricoles et industriels était de 15% en moyenne. Le nombre d'habitants explosa, et dans le cas russe, les paysans se virent accordés des terres gratuitement et des outils neufs en Sibérie du sud (non dans la partie nord gelée), afin de coloniser ce vaste espace vide d'environ deux fois la taille des États-Unis.

En 1905, 90% des terres arables russes étaient entre les mains des paysans. Aucune autre société industrialisée ne pouvait rivaliser avec ces mesures. Les paysans achetaient massivement les terres des nobles, car la Russie était en même temps, complètement autosuffisante. Son marché intérieur couvrait presque 99% de sa production et elle n'avait besoin d'aucun bien en provenance de l'étranger. Tout ce qu'elle reçut de l'occident fut la révolution...

Plus au sud, la Géorgie demanda la protection russe comme un bouclier contre ses voisins musulmans. Le XIIIème Dalaï Lama du Tibet, Thoubten Gyamtso, demanda à ce que le Tsar Nicolas II place son pays sous la protection russe afin de sauver la monarchie bouddhiste de la noyade dans l'opium britannique. Plusieurs russes servirent de tuteurs aux nobles tibétains et au Dalaï Lama lui-même. La Russie était considérée comme le sauveur de tous ceux qui combattaient l'impérialisme chinois et britannique.

Le Tsar Nicolas II fut tenté de faire la guerre à la Mandchourie, car la Chine tenait sous son joug sa population bouddhiste de l'ouest et les Tibétains. Plusieurs millions de musulmans se trouvaient également sous le joug de la Mandchourie chinoise. La Russie était appelée le « Sauveur Blanc » prophétisé depuis longtemps par les sages chinois. La découverte de pétrole à Bakou, dans l'Azerbaïdjan d'aujourd'hui, qui faisait partie à l'époque de l'empire Russe, ne fit qu'empirer les choses aux yeux des britanniques. La dynastie Rothschild avait déclaré la guerre à la Russie, financé les révolutionnaires russes et plus important, favorisé une alliance antirusse.

L'alliance Rothschild, pour la plus grande part, fut créée en représailles contre le succès russe. Elle reposait sur le Financement de la Turquie, des tribus turques du sud de la Russie, de la Perse, et de manière plus inquiétante, du Japon. L'occupation turque des Balkans reçut l'aval des Rothschild, car sans la Turquie, les états prorusses comme la Serbie et la Bulgarie viendraient combler le vide. La presse britannique félicita les Turcs pour s'être libérés de la « superstition Orthodoxe » et de considérer les russes comme des « mongols » dont les « crocs » devaient être tenus éloignés des Balkans.

La Russie aida à financer la Bulgarie et la Serbie, cherchant à unifier la Chine une fois l'état Mandchoue tombé. Avec son protectorat indirect sur le Tibet et l'adjonction de l'état Géorgien lettré et urbanisé, un équilibre des pouvoirs instable entre le paradis des banquiers et le paradis des travailleurs, commença à s'installer. Malheureusement, le Japon fut un meilleur pari que la Chine. La Russie soutint l'Afghanistan contre l'Angleterre dans la guerre Anglo-Afghane de 1879-1880, mais cela ne fut pas aussi efficace que le réarmement du Japon sous l'égide de la Royal Navy.

Si la Russie n'avait pas pris part à la Première Guerre mondiale, qu'en aurait été le résultat ? Un scénario réaliste ressemblerait à ceci : la population russe en plein essor aurait repeuplé toute la Sibérie et une partie de l'Asie centrale. La Russie se serait emparée des Balkans et de Constantinople, avec la bénédiction probable de l'Allemagne. Cela aurait permis à la Russie d'investir la majeure partie du Moyen-Orient, ou à tout le moins de devenir la protectrice des orthodoxes Grecs et Arabes. L'Allemagne aurait compris l'utilité d'une alliance avec la Russie plutôt que Vienne. Les intérêts russes et allemands, leurs systèmes idéologiques et politiques étaient très similaires. L'alliance russe avec son vieil ennemi, l'Angleterre, ne recouvrait que peu de sens politique pour la Russie, mais contrôler l'expansion allemande était la priorité de Londres à partir de 1910-1913. L'Allemagne réalisa que son alliance avec l'Autriche-Hongrie la forcerait à prendre part au moindre conflit dans lequel s'impliquerait Vienne. Cela ne servirait pas les intérêts allemands. Les pauvres performances militaires de l'Autriche au cours de la guerre, ainsi que l'instabilité de son économie, furent ce qui força l'Allemagne à diviser ses forces militaires sur deux fronts.

Les nouvelles ressources pétrolières grandissantes de la Russie, son immense réservoir de ressources naturelles, son marché intérieur et son capital industriel auraient permis de financer un protectorat sur la Chine et certainement sur toute l'Asie du Sud-Est. La plupart de l'Asie Centrale, sous contrôle chinois, se serait aussi rangé sous la protection russe, si ce n'est son occupation. Comparée au colonialisme anglais, l'expansion russe ne fut jamais de l'exploitation mais de la défense.

Ce marché, cette croissance économique et cette accroissement continuel de population auraient attiré les autres pouvoirs restant du monde vers la Russie. Elle aurait été considérée, militairement parlant, comme imprenable. Tournée vers l'orient plutôt que l'occident, elle n'aurait pas été une menace pour l'équilibre des pouvoir européens. Une alliance avec l'Allemagne aurait scellé le sort de l'Europe comme pouvoir royaliste, traditionnel et chrétien. Vienne se serait retrouvée impuissante et aurait ainsi commencé à régler ses démêlés avec l'Allemagne, car les allemands de l'empire chercher à se rapprocher d'elle et la population slave se tournait vers la Russie. Une Hongrie en colère et expansionniste n'aurait jamais pu émerger, car constamment en guerre contre ses minorités toutes aussi en colère.

L'Église Orthodoxe aurait trouvé un allié volontaire dans le luthéranisme allemand (royaliste) et l'ancien mouvement catholique grandissant. Si la Russie et la Grèce avaient rejoint ce schisme avec l'Église romaine, comme il était prévu, la vieille Église Catholique en aurait été substantiellement grandie. Il existait déjà un intérêt croissant parmi les conservateurs anglicans et certains luthériens, pour la tradition Orthodoxe.

La plupart du Canada occidental serait passé sous contrôle russe à partir de la population de l'Alaska, dont les interactions positives avec les habitants des îles Aléoutiennes, avaient changé la Russie en une présence bienvenue, plutôt qu'impérialiste. Les firmes russes étaient déjà présentes à Hawaï et auraient protégé sa monarchie. Les USA ont financé le renversement de la maison royale hawaïenne. Étant donné la bonne image de la Russie dans la plupart de l'Asie, il n'y aucune raison de croire que la maison royale hawaïenne (et les autres états du Pacifique) n'auraient pas également considéré le bénéfice d'un protecteur lointain mais puissant.

L'impérialisme russe n'était pas en quête de profit comme celui de l'Empire Britannique. Il était de nature défensive. Les populations natives étaient normalement bien traitées et comme dans le cas des arméniens et des musulmans d'Asie, ne furent jamais forcées de se convertir à l'Orthodoxie ni de parler le russe. Elles juraient allégeance au Tsar et sur le Coran. La Pologne se vit accorder une des constitutions les plus libérales du monde, et la Finlande, une autre colonie de la Russie, restait totalement indépendante, excepté en matière de politique étrangère. Ainsi, il n'y a aucune raison de prétendre que le règne impérial russe aurait pu faire l'objet du moindre ressentiment, ni même être considéré comme une « domination » au sens propre du terme.

Aujourd'hui, cela semble une fantaisie à peine concevable. Mais pendant un certain temps, avant le massacre de la Première Guerre mondiale, c'était considéré comme une réalité viable à St. Pétersbourg et à Londres. Goodson donne un aperçu de la manière dont cela aurait été possible :

> « Le 12 juin 1860 la Banque d'État de l'Empire Russe, fut fondée dans le but de stimuler les revenus commerciaux et de renforcer le système monétaire. Jusqu'en 1894, elle n'était qu'une institution auxiliaire sous le contrôle direct du Ministère des Finances. Cette année-là, elle fut transformée en banquier des banquiers et devint l'instrument de la politique économique du gouvernement. Elle frappait et imprimait les pièces de monnaie et les billets de la nation, régulait la masse monétaire et à travers le réseau des banques commerciales fournissait à l'industrie et au commerce des crédits à faible taux d'intérêt. »

(Goodson sur Alexandre II)

Les opposants de la Pax Russica ne restaient pas inactifs. St Pétersbourg était, malgré tous ses problèmes, un noyau dur ne pouvant être brisé par le régime bancaire. Si la Russie poursuivait son développement massif, sa croissance de population et son industrialisation, l'usure serait détruite. L'état Russe, plus que le capital privé, planifiait et dirigeait les investissements à partir des fonds locaux. Les Français constituaient la seule présence étrangère substantielle au sein de l'industrie Russe. Si cela devait être remplacé par des projets de coopération russo-allemands, l'usure serait sévèrement menacée. Des mesures devaient être prises. Pour donner au lecteur un indice de ce qu'elles purent être, Goodson cite le discours du membre du Congrès L. T. McFadden à la Chambre des Représentants en 1932 :

« Ils [les banquiers « européens »] ont financé les rassemblements de masse de Trotski à New York, afin de répandre le mécontentement et la rébellion. Ils ont payé le voyage de Trotski depuis New York jusqu'en Russie, pour qu'il puisse participer à la destruction de l'Empire Russe. Ils ont fomenté et provoqué la Révolution Russe et ils ont placé des sommes considérables à disposition de Trotski dans l'une de leur succursale bancaire de Suède, pour qu'à travers lui les foyers russes soient complètement brisés et que les enfants russes soient séparés de leurs protecteurs naturels. Ils ont depuis commencé leur entreprise de destruction des foyers américains et la dispersion des enfants américains. »

McFadden fut réduit au silence. Tout comme M. Goodson. L'auteur y a perdu un poste universitaire. Il n'y aucun sujet plus sensible que l'usure, car aucun pouvoir ne peut égaler celui des intérêts composés. La gauche est une émanation des banques, et la plupart de la « droite » des néocons également. La monarchie fut renversée par ces intérêts et remplacée par une oligarchie mondiale, contrôlant selon les sources jusqu'à 80% du PIB mondial. Bien entendu, tout ceci existe au nom de la liberté, du progrès et de la démocratie.

Nous avons débuté ce long essai par le concept de l'usure et le fait que le secteur bancaire occidental est très à l'aise avec l'étatisme gauchiste. Nous avons fait le tour de la question, expliquant pourquoi et comment cette alliance démoniaque avait pris place. Elle est toujours d'actualité et ne souffre presqu'aucune opposition. Pourtant, des réactions existent, quoique vagues, contre la monopolisation progressive de la richesse et du travail.

Goodson ne termine pas sur une note négative. Il conclut sa démonstration sur un bref aperçu de la situation du Dakota du Nord. Comme si le lecteur nécessitait des preuves supplémentaires des tendances destructrices de l'usure et du système de réserves fractionnaires. Le Dakota du Nord a établi une banque d'état dans laquelle sont déposés les revenus de l'état. Elle accorde des emprunts à des taux d'intérêts très bas aux fermiers et aux petites entreprises. Tous les profits sont reversés à l'état. Sans cette pratique des intérêts composés facturés aux citoyens, le Dakota du Nord n'a pas été affecté par la débâcle immobilière de 2007. Le PIB de l'état a cru de presque 100% depuis 1997, tandis que le revenu par foyer a dans le même temps augmenté de 140%.

Tandis que les médias ont défendu l'idée que le succès du Dakota du Nord était exclusivement dû à sa petite industrie pétrolière, ce genre de développement ne s'est certainement pas produit en Alaska, qui est pourtant doté de bien plus de ressources en hydrocarbure que le Dakota du Nord. Le Nigéria se noie dans le pétrole, et pourtant il reste un pays pauvre. La Somalie et le Tchad aussi sont pourvus de fleuves de pétrole, tout comme l'Indonésie, la Birmanie, mais tous ces états sont tout aussi pauvres. Apparemment, le pétrole ne bénéficie qu'au Dakota du Nord et aux Allumés de Beverly Hills.[315]

La force principale du livre de Goodson, est en effet sa pertinence. Il défend une thèse : là ou une banque d'état dirige l'univers financier d'une économie, cette économie prospère. Son analyse de l'Allemagne des années 1930, de l'Italie du début du 20ème siècle ainsi que du Japon, présente tous ces pays sous l'égide de banques contrôlées par l'état, des taux d'intérêts bas, des investissements étatiques et un mépris général du libre-échange libertarien. Ce système a permis à ces pays de connaitre des taux de croissance à trois chiffres, un chômage inexistant et une inflation proche de zéro. De nos jours, la Chine, Taïwan et la Biélorussie en sont les meilleurs exemples.

La Biélorussie, tout comme l'Ukraine et la Russie a commencé à dépérir lorsque le FMI et l'Université

---

[315] N.D.T. Allusion à une célèbre série télévisée d'outre-Atlantique.

d'Harvard ont aidé ce système mafieux à conclure des accords de privatisation, qui finirent par contraindre un de leur président Alexandre Loukachenko, à stopper les privatisations, à centraliser le pouvoir et à nationaliser le secteur financier. Alors que l'Ukraine actuelle a perdu 70% de son industrie et voit 80% de sa population instruite s'enfoncer sous le seuil de pauvreté, le taux de chômage de la Biélorussie est de 1% et son industrie enregistre un taux de croissance annuel de 10% depuis 2000. Pareil pour les deux Chines : lorsque George Soros provoqua les deux crises monétaires de 1997, les seules deux économies non affectées furent les seules qui étaient dotées de banques contrôlées par l'état, à savoir Taïwan et la Chine. D'anciens pouvoirs comme la Corée du Sud et le Japon, ainsi que la Thaïlande, sont devenus des pions officiels du FMI. Leur système d'emplois garantis à vie a été supprimé, et leur niveau de vie s'est effondré.

Avant la guerre qui a ravagé leurs états respectifs, la Lybie et la Syrie présentaient également une croissance annuelle à deux chiffres, étaient dotées de présidents populaires et les deux pays étaient proches d'atteindre le statut du monde développé. Les deux pays étaient pourvus de banques contrôlées par l'état et d'investissements productifs pilotés par l'état. L'état était un partenaire au sein des investissements stratégiques, et non pas une émanation de ces derniers. L'Irak de Saddam Hussein faisait exactement la même chose jusqu'à ce que les USA lui déclarent la guerre.

La banque d'état birmane est sous le contrôle du ministère des finances, dirigée par le Major-Général Hla Tun ayant reçu une formation financière occidentale.

Son adjoint est le Colonel Hle Swe. Les Birmans ne laissent aucune chance à la manipulation étrangère de leur devise. Le sol birman, riche en pétrole et en minéraux, les liens de la Birmanie avec la Chine et le niveau d'éducation élevé de sa population, en font de plus en plus une cible pour la spéculation occidentale et ses attaques politiques. Malgré la guerre civile, les sanctions occidentales et les mouvements séparatistes, elle est quand même parvenue à construire 10 universités, plusieurs dizaines de barrages, à augmenter le niveau d'alphabétisme de 80% et de s'assurer que les paysans possèdent leur propre terre depuis 1999. Si le lecteur a reconnu en cela un certain modèle économique, il a assurément raison.

Les travaux de Goodson ne sont pas exempts de défauts. Cependant, ses erreurs sont mineures. Il prétend que Gavrilo Princip était Juif et que son assassinat de l'Archiduc Ferdinand provoqua la Première Guerre mondiale. Princip n'était pas soupçonné d'être Juif, tout particulièrement parce qu'il provenait du fin fond de la Bosnie occidentale, du pauvre village paysan d'Obljaj, un lieu totalement rural et inaccessible. Il était l'enfant de pauvres paysans d'origine bosno-serbe. Le nom de jeune fille de sa mère était le très Orthodoxe : Misic. Ni son père, ni sa mère ne portaient de noms Juifs, et le travail modeste de son père au service des postes ne révèle vraiment pas l'appartenance à un milieu « bancaire élitiste ». Princip faisait partie du mouvement « Jeune Bosnie », vaguement connecté à la société militaire de la « Main Noire », également connue sous le nom « L'union ou la Mort ». Il s'agissait d'une organisation nationaliste composée de membres paramilitaires, qui n'avait pas de lien avec le peu de Juifs vivant en Serbie à cette époque. Sa famille élargie répond au nom de Jovicevic, originaire du Monténégro, où l'on trouve très peu de Juifs.

L'assassinat de Ferdinand n'a pas provoqué la Première Guerre mondiale. La Serbie avait accédé aux requêtes de Vienne après l'assassinat, et l'Allemagne se montrait elle aussi impressionnée par le désir de maintien de la paix de la Serbie. La Serbie était complètement épuisée par les Guerres Balkaniques et ne voulait plus se battre. De plus, le choix de la cible n'avait aucun sens ; Ferdinand était plus ou moins populaire parmi les slaves du sud car il était considéré comme le plus proserbe de la famille royale. L'Autriche, d'un autre côté, cherchait un *casus belli* depuis la rébellion locale contre son occupation de la Bosnie et la création artificielle de « l'état de l'Albanie », qui servait à amputer la Serbie de son littoral et la maintenait séparée du Monténégro.

Les circonstances de la visite du Grand-Duc furent étranges. Ferdinand visitait la Serbie et la Bosnie le jour de la fête nationale Serbe, *Vidovdan,* lorsque l'ambiance nationaliste était au plus haut. Ce fut également le début de manœuvres militaires hautement bellicistes. Ferdinand était dépourvu d'un dispositif de sécurité correspondant à une visite royale en territoire hostile. Le parcours du convoi de Ferdinand fut inexplicablement dévié par son propre personnel autrichien, là où Princip et d'autres l'attendaient. Pourtant, au grand regret de l'Allemagne, même avant que ne soit reçue la réponse serbe à l'ultimatum autrichien, Vienne avait déjà déclaré la guerre.

Ces deux erreurs n'ont que peu d'incidence, mais elles

sont communes et compréhensibles et nécessitaient d'être soulignées. Cela ne diminue en rien l'immense accessibilité et l'utilité de son livre, qui mérite une large diffusion. Pour toutes ces raisons, j'approuve le travail de M. Goodson de tout cœur.

Matthew Johnson PhD
Fayetteville, Pennsylvanie

CRITIQUE DE TOM SUNIC

Dans la conscience populaire européenne, l'argent a toujours été associé avec quelque chose de sale, quelque chose de criminel, quelque chose qui n'était pas digne de l'homme européen, une chose qui n'était seulement appréciée que par une peuplade étrangère, lointaine et secrète. Depuis l'antiquité jusqu'à l'époque post-moderne, des tonnes de livres ont été écrits au sujet de la malédiction de l'argent et de l'or maudit. Il faut se rappeler du Roi Crésus, ou de la malédiction du Roi Midas, ou songer au massacre généralisé de la saga médiévale des Nibelungen, dont l'histoire tourne autour de l'or caché du Rhin et de la souffrance causée par cet or.

Comme nous le rappelle Goodson dans son livre, l'obsession de la monnaie virtuelle et la pratique de l'usure, ainsi que le rôle de l'or, n'ont aujourd'hui rien perdu de leur saveur mortelle. En fait beaucoup de transactions financières modernes et bien des pratiques économiques mondiales frauduleuses, suscitées par cette soif de l'or, sont même devenues encore plus mortelles, menaçant cette fois non pas juste la survie de la civilisation Occidentale, mais celle de l'humanité toute entière.

Tout d'abord, il faut clairement établir que Goodson n'est pas un adepte des théories conspirationnistes, ni un de ces intellectuels jetant l'opprobre sur les Juifs, dont la prose inflige souvent plus de dommages que de véritables éclairages sur le lecteur souhaitant se documenter au sujet de la nature fictive de la monnaie et de ses créateurs beaucoup moins fictifs. Pour toutes ces raisons, Goodson peut évoquer ses références indiscutables concernant le sujet analysé dans cet ouvrage. Il fut membre du Conseil d'Administration de la SARB (South African Reserve Bank), possédant une longue expérience du domaine bancaire, ou pour le dire d'une manière moins prude, il fut un observateur privilégié des opérations financières entre initiés. Comment est-il possible que dans notre prétendu meilleur des mondes démocratique, un monde qui s'enorgueillit de transparence et de liberté judiciaire, la plupart des citoyens n'aient pas la moindre idée de ceux qui sont les actionnaires des principales banques centrales, telles que la Réserve Fédérale aux États-Unis et beaucoup d'autres à travers le monde ? Goodson démontre par des faits la manière dont la Réserve Fédérale américaine n'a rien à voir avec l'état ni avec le sens de la démocratie aux États-Unis, mais se trouve en réalité entièrement au service d'une corporation anonyme, un syndicat du crime composé de financiers tout-puissants. Cela n'est certainement pas un hasard si depuis l'explosion de la prétendue bulle immobilière aux USA en 2008, pas un seul établissement bancaire majeur, que cela soit Goldman Sachs ou J. P. Morgan, n'a été tenu responsable pour avoir imprimé de la fausse monnaie ou accordé des prêts surréalistes. On peut dire qu'ils s'en sont tous lavés les mains.

Il transpire du livre de Goodson une connaissance remarquable des circonstances politiques et sociales de la Rome antique, de l'Angleterre de Cromwell ou de l'Allemagne de Weimar. Ainsi cet ouvrage ne peut pas être simplement rejeté comme un vulgaire brulot antisémite. C'est précisément le ton dépassionné de Goodson, parcourant le cadre de différentes périodes historiques, qui fait de ce livre, non seulement une œuvre savante, mais constitue aussi une lecture rafraichissante pour un novice souhaitant en connaitre davantage sur la mystique monétaire.

L'usure semble avoir été depuis toujours au cœur des soulèvements sociaux et des guerres. La Rome antique en subit bien des fois les conséquences, ce qui la conduisit finalement à sa chute. Goodson dépeint les réformes économiques et sociales de César, l'homme d'état, sa mise en place du premier système de protection sociale, la suppression des loyers pour beaucoup de citoyens romains en difficulté, et finalement l'interdiction de facturer des intérêts sur un emprunt déjà existant. L'Empire Romain connut une brève floraison. Cependant, beaucoup d'aristocrates ne pouvaient pas tolérer la magnanimité de César à l'égard des pauvres et décidèrent de le tuer. Les usuriers, dont la plupart étaient des étrangers d'origine juive, aux côtés de leurs laquais serviles Gentils, semblent avoir été la courroie de transmission entrainant cette corruption et ce déclin de la Civilisation Occidentale.

Un modèle similaire de croissance économique et de déclin peut être observé au cours de la rédaction et l'adoption de la fameuse Grande Charte dans l'Angleterre médiévale, dont le but premier était de restreindre le joug des premiers prêteurs de deniers Juifs et d'abolir l'usure. En effet, plusieurs décennies plus tard, en 1290, la mise en œuvre fut suivit de l'expulsion des Juifs de l'Angleterre. Un lecteur attentif pourrait se demander pourquoi tant d'auteurs classiques, ainsi que de nombreux citoyens ordinaires illettrés, ont toujours à travers les époques, blâmés les Juifs pour tous les maux sociaux-économiques et pourquoi les Juifs ont-ils été si souvent les victimes de persécutions sauvages ? Loin de s'engager sur la voie du discours de haine ou diffamatoire envers les Juifs, l'auteur documente avec exactitude le pourcentage démesuré de Juifs s'adonnant à l'activité de prêteurs de deniers, un détail qui a historiquement contribué à leur destin tragique.

L'auteur n'élude aucunement le pouvoir des nouveaux courants théologiques et politiques, notamment l'émergence du Calvinisme et la naissance d'une mentalité nouvelle au cours des $16^{\text{ème}}$ et $17^{\text{ème}}$ siècles en Europe, ainsi que les faiseurs d'opinions et politiciens américains. Les enseignements de Calvin sur la prédestination et l'importance du rôle social qu'il attribuait aux marchands ont eu un impact énorme sur la vie politique en Europe et dans l'Amérique nouvellement découverte. Le marchand et l'usurier, sont devenus d'une certaine manière, les nouveaux modèles en matière de politique et de finance, des gens dont le comportement devait être imité, et utilisé comme un surmoi par les Gentils. Ce mimétisme des Juifs de la part des Gentils, via le Calvinisme originel et le Puritanisme, se répandit rapidement, d'abord au sein de l'Amérique capitaliste et plus tard, particulièrement après la Deuxième Guerre mondiale, en Europe continentale. Goodson montre comment le révolutionnaire anglais calviniste fanatique Olivier Cromwell, se considérait comme « l'élu », et non juste comme un Shabbat goy ordinaire. Peu après la décapitation du Roi Charles Ier, Cromwell rouvrit les portes de l'Angleterre pour accueillir chaleureusement les Juifs.

L'auteur semble aussi jeter une lumière intéressante sur le niveau de vie des gens ordinaires dans l'Angleterre médiévale, un pays dont la qualité de vie sous de nombreux aspects était bien supérieure à celle de nos sociétés modernes. Aux 14ème et 15ème siècles, les roturiers travaillaient moins de 14 semaines par an. Si nous devons juger de la qualité de vie et du bonheur par la quantité de prises électriques et le nombre présent sur notre compte en banque, nous ne serons jamais capables de comprendre le véritable sens du bonheur. Dans beaucoup de cas, cependant, le prétendu âge sombre de l'Angleterre et de l'Europe continentale paraissent bien plus lumineux que notre propre âge sombre actuel. La plupart de l'architecture de cette époque était l'expression directe de la joie populaire, où la quête de la transcendance spirituelle était bien plus en demande que la béatitude éphémère du système moderne dans lequel l'accumulation de l'argent est devenue une nouvelle religion laïque.

Puis vinrent les mauvaises nouvelles. En 1694, la Banque d'Angleterre fut créée, le modèle à partir duquel toutes les autres banques centrales d'Europe et plus tard aux États-Unis, furent mises en place. Peu après, débuta ce que les historiens modernes appellent la « modernité », ce qui en réalité signifie l'asservissement des peuples. Les financiers anglais n'apprécièrent pas que les premières colonies américaines aient émis leur propre monnaie et aient fait montre d'hostilité à l'égard de la Banque d'Angleterre. La tentative de l'Angleterre d'abolir la devise américaine fut également une des causes majeures de la Révolution Américaine. Dans une large mesure, la prospérité expérimentée par l'Amérique au 19ème siècle fut précisément due à l'absence d'une banque centrale. Nous ne devons jamais oublier, comme le rappelle l'auteur, que la campagne présidentielle d'Andrew Jackson fut conduite sous la bannière : « VOTEZ ANDREW JACKSON, PAS DE BANQUE ! » L'année de mauvais augure pour les USA, ainsi que pour le monde entier, fut celle de la création de la Banque de Réserve Fédérale en 1913, qui précipita indirectement le monde occidental dans les deux guerres mondiales qui suivirent, puis dans une centaine d'autres guerres locales autour du monde.

La situation n'est pas plus rose pour les citoyens américains. Bien qu'ils soient devenus depuis 1919, les citoyens enviés d'une superpuissance mondiale, en 2014 la dette publique était passée de $2,6 milliards à $17,5 trilliard. Personne ne veut le déclarer publiquement, mais la plupart des américains et des citoyens occidentaux ne vivent pas une vie à crédit, mais luttent plutôt et végètent, payant leur propre mort par mensualités. Le temps du grand effondrement et de la fin de la race blanche est sans doute au tournant.

L'auteur décrit des monnaies fiduciaires similaires et différentes formes de pratiques bancaires en effet dans d'autres parties d'Europe, ainsi que l'émergence de la Russie Bolchévique, largement financée par les banquiers Juifs de New York. Le mérite de ce livre est qu'il ne considère pas l'environnement bancaire d'un point de vue simplement manichéen, mais cherche toujours les nuances entre les deux. Il est louable que Goodson fasse également mention de l'économiste allemand Gottfried Feder, qui fut lui-même un des critiques les plus virulents de l'usure et des intérêts composés dans l'Allemagne de Weimar. Le problème avec « Feder », est que cet économiste renommé fut pendant quelques temps affilié avec le National-Socialisme, ce qui peut faire grincer des dents et froncer des sourcils à certains, même parmi les lecteur les plus dépassionnés de l'ouvrage de Goodson. Comment peut-on aujourd'hui, dans notre environnement politiquement correct de censure universitaire, extraire quelque chose de positif de la part d'un savant national-socialiste ? Le National-Socialisme étant aujourd'hui officiellement dépeint comme le symbole du mal absolu, ne doit jamais contenir quelque chose qui puisse être accepté comme relativement bon – même dans des domaines apolitiques comme le sport, l'écologie ou encore moins l'économie. Feder a conduit ses recherches en les basant sur l'étude des réparations de guerres imposées à l'Allemagne de Weimar par le camp victorieux de la Première Guerre mondiale. Il en était venu à la conclusion que le fait de payer des intérêts composés appauvrirait les citoyens et provoquerait du chômage de masse. Les enseignements de Feder s'appliquent parfaitement à l'époque actuelle, tout spécialement si l'on souhaite songer à des remèdes possibles afin de résoudre le problème des énormes dettes souveraines de tous les pays occidentaux.

Dans une note plutôt moins pessimiste, l'auteur mentionne l'incroyable succès de l'état américain du Dakota du Nord, dont la banque lui a permis de devenir l'état le plus dynamique doté du taux de chômage le plus bas des États-Unis. Reste à savoir comment le Dakota du Nord traversera la tempête qui s'annonce. Tant que le milieu universitaire officiel et les média éviteront de mentionner la racine du problème du chaos financier qui s'annonce, les USA, ainsi que ses satellites européens, ne feront que sauter d'un désastre à l'autre.

Dr. Tomislav Sunic
Zagreb, Croatie

BIBLIOGRAPHIE[316]

D.J. Amos, *The Story of the Commonwealth Bank*, Veritas Publishing Company Pty Ltd, Bullsbrook, Western Australia, 1986.

A.N. Andreadēs, *History of the Bank of England*, P.S. King & Son Ltd, London, 1935.

H.C. Armstrong, *Grey Steel J.C. Smuts A Study in Arrogance*, Arthur Barkers Ltd, London, 1937.

D. Astle, *The Babylonian Woe*, Omnia Veritas Ltd, 2015.

D. Astle, *The Tallies, A Tangled Tale and The Beginning and the Ending*, Private Edition, Toronto, 1997.

P.T. Bauer, *Equality, and the Third World, and Economic Delusion*, Harvard University Press, Cambridge, Massachusetts, 1981.

I. Benson, *The Zionist Factor*, The Noontide Press, Costa Mesa, California, 1992.

K. Bolton, *The Banking Swindle - Money Creation and the State*, Black House Publishing Ltd, London, 2013.

---

[316] Note de l'éditeur : La plupart des références citées ici sont des ouvrages en langue anglaise, sauf lorsqu'une version française existe, précédée le cas échéant par un astérisque.

W.D. Bowman, *The Story of the Bank of England*, Herbert Jenkins Ltd, London, 1937.

E. H. Brown, *Web of Debt, The Shocking Truth About Our Money System and How We Can Break Free*, Third Millenium Press, Baton Rouge, Louisiana, 2008.

G. Buchanan, *My Mission to Russia and other Diplomatic Memories*, Cassell and Company Limited, London, 1923.

H.S. Chamberlain, *The Foundations of the Nineteenth Century*, The Bodley Head, London 1912, Vol. II.

K. Chazan *The Jews of Medieval Western Christendom 1000-1500*, Cambridge University, New York, 2008.

A.Cherep-Spiridovich, *The Secret World Government or "The Hidden Hand"*, The Ant-Bolshevist Publishing Association, New York, 1926.

O.P. Chitwood, *John Tyler Champion of the Old South*, Russell & Russell, 1964.

W.S. Churchill, *Step By Step, 1936-1939*, Odhams Press, London.

W.S. Churchill, *The Second World War, The Gathering Storm, Vol. I*, Cassell & Co. Ltd, London, 1948.

G.M. Coogan, *Money Creators, Who Creates Money? Who Should Create It?*, Omni Publications, Hawthorne, California, 1963.

I.M. Cumpston, *Lord Bruce of Melbourne*, Longman

Cheshire, Melbourne, 1989.

W. Cunningham, *The Growth of English Industry and Commerce during the Early and Middle Ages*, Cambridge University Press, 3rd edition, 1896.

*L. Degrelle, *Hitler né à Versailles*, Vol. I du Siècle d'Hitler, Art Et Histoire De L'Europe (1987).

A.J de Grund, *Fascist Italy and Nazi Germany: The 'Fascist Style of Rule'*, Routledge, London, 2004.

F. W. de Klerk, *Die laaste trek – 'n nuwe begin Die Outobiografie*, Human & Rousseau, Cape Town, 1998.

A. Del Mar, *The History of Money in America From the Earliest Times to the Establishment of the Constitution*, Omni Publications, Hawthorne, California, 1936.

A. Del Mar, *Money and Civilization: Or a History of the Monetary Laws and Systems of Various States Since the Dark Ages and Their Influence upon Civilization*, Omni Publications, Hawthorne, California, 1975.

E. de Maré, *A Matter of Life or Debt*, Humane World Community, Inc., Onalaska, Washington, 1991.

R.E. Elletson, *Monetary Parapometrics: A Case Study of the Third Reich*, Christian International Publications, Wilson, Wyoming, 1982.

S. Fay, *Portrait of an Old Lady*, Penguin, London, 1987.

G. Feder, *The Program of the NSDAP, The National*

Socialist German Workers' Party and its General Conceptions, translated by E.T.S. Dugdale, Fritz Eher Verlag, Munich, 1932.

N. Ferguson, *The House of Rothschild, Money's Prophets 1798-1848*, Vol. 1 and Vol. 2, Penguin Books, London, 1999.

G. Ferrero, *Greatness and Decline of the Roman Empire*, Vol. VI, William Heinemann Ltd, London, 1908.

A.N. Field, *The Truth About The Slump – What The News Never Tells*, Privately published, Nelson, New Zealand, 1935.

A.N. Field, *All These Things*, Omni Publications, Hawthorne, California, 1936.

*N.G. Finkelstein, *L'industrie de l'Holocauste : réflexions sur l'exploitation de la souffrance des juifs*, La Fabrique 2001.

I.N. Fisher, *Stamp Scrip*, Adelphi Publishers, New York, 1933.

J.K. Galbraith, *The Age of Uncertainty*, Houghton Mifflin, Boston, 1977.

T.H. Goddard, *History of Banking Institutions of Europe and the United States*, H.C. Sleight, New York, 1831.

R. Gollam, *The Commonwealth Bank of Australia: Origins and Early History*, Australian National University Press, Canberra, 1968.

O. and J. Grubiak, *The Guernsey Experiment*, Distributionist Books, London, 1992.

A. Hitler, *Mon Combat-Mein Kampf*, Omnia Veritas Ltd.

Hitler's Table Talk, compiled by M. Bormann, Ostera Publications, 2012.

Hoek Verslag van Prof. Piet Hoek aan Dr H.F. Verwoerd, 1965.

D.L. Hoggan, *The Forced War: When Peaceful Revision Failed*, Institute for Historical Review, Costa Mesa, California, 1989.

E. Holloway, *How Guernsey Beat The Bankers*, Economic Reform Club & Institute, London, 1958.

R.K. Hoskins, *War Cycles – Peace Cycles*, The Virginian Publishing Company, Lynchburg, Virginia, 1985.

Inconvenient History, Volume V, 2013, HBB Press, San Ysidro, California, 2013.

F.J. Irsigler, *On The Seventh Day They Created Inflation*, Wynberg, Cape, South Africa, 1980.

D. Irving, *Churchill's War, The Struggle for Power*, Veritas Publishing Company Pty Ltd, Bullsbrook, Western Australia, 1987.

D. Irving, *The War Path: Hitler's Germany 1933-1939*, Macmillan, London, 1978.

D. Irving, *Nuremberg The Last Battle*, Focal Point Publishers, London, 1996.

Money and Banking in Japan, the Bank of Japan Economic Research Department, translated by S. Nishimura, edited by L.S. Presnell, Macmillan, London, 1973.

E.M. Josephson, *The "Federal" Reserve Conspiracy & Rockefellers*, Chedney Press, New York, 1968.

H.S. Kenan, *The Federal Reserve Bank*, The Noontide Press, Los Angeles, 1968.

A. Kitson, *A Fraudulent Standard*, Omni Publications, Hawthorne, California, 1972.

G. Knupffer, *The Struggle for World Power, Revolution and Counter-Revolution*, The Plain-Speaker Publishing Company, London, 1971.

J.M. Landowsky, *Red Symphony*, translated by G. Knupffer, www.archive.org/details/RedSymphony

*La Symphonie Rouge, Omnia Veritas Ltd, 2015. www.omnia-veritas.com

The Letters of T.E. Lawrence edited by D. Garnett, Jonathan Cape, London, 1938.

C.A. Lindbergh, *The Economic Pinch (Lindbergh on the Federal Reserve)*, The Noontide Press, Costa Mesa, California, 1989.

F. Leuchter, *The Leuchter Report: The end of a myth*, An

engineering report on the alleged gas chambers at Auschwitz Birkenau and Majdanek, Poland, David Clark, 1988.

D. Marsh, *The Bundesbank: The Bank That Rules Europe*, William Heinemann Ltd, London, 1992.

'*Collective Speeches of Congressman Louis T. McFadden*', Omni Publications, Hawthorne, California, 1970.

S. McIntyre, *A Concise History of Australia*, Cambridge University Press, Melbourne, 2009.

N. Mühlen, *Hitler's Magician: Schacht The Life and Loans of Dr Hjalmar Schacht*, trans., E.W. Dicks, George Routledge & Sons Ltd, London, 1938.

*E. Mullins, *Les Secrets de la Réserve Fédérale*, Le Retour aux Sources, 2010.

C.S. & R.L. Norburn, *A New Monetary System Mankind's Greatest Step*, Omni Publications, Hawthorne, California, 1972.

*J. Perkins, Les c*onfessions d'un Assassin financier*, Alterre, 2005.

E.N. Peterson, *Hjalmar Schacht: for and against Hitler: A political economic study of Germany, 1923-1945*, The Christopher Publishing House, Boston, 1954.

"Ezra Pound Speaking" Radio Speeches of World War II, Edited by L.W. Doob, Greenwood Press, Westport, Connecticut, 1978.

P.J. Pretorius, *Volksverraad, Die Geskiedenis agter die Geskiedenis*, A History of Central Banking Libanon-Uitgewers, Mosselbaai, Western Cape, South Africa, 1996.

Les Protocoles des Sages de Sion, Deterna, 2010.

*Mouammar Al Kadhafi, *Le Livre Vert*, Hadès Éditions, Rouen, 2015. www.hadeseditions.com

C. Quigley, *Tragedy and Hope A History of the World in Our Time*, The Macmillan Company, New York, 1966.

A.H.M. Ramsay, *The Nameless War*, Omnia Veritas Ltd. 2014.

R.V. Remini, *Andrew Jackson*, Twyne Publishers Inc., New York, 1966.

J. Robison, *Proofs of a Conspiracy against all the Religions and Governments of Europe, carried on in the Secret Meetings of Free Masons, Illuminati, and Reading Societies, collected from Good Authorities*, Western Islands, Belmont, Massachusetts, 1967.

J.E.T Rogers, *The First Nine Years of the Bank of England*, Clarendon Press, Oxford, 1887.

A. Rosenberg, *The Myth of the Twentieth Century*, The Noontide Press, Torrance, California, 1982.

G. Rudolf, *Dissecting the Holocaust: The Growing Critique of "Truth" and "Memory"* (Holocaust Handbooks Series 1), Theses & Dissertations Press, 2nd Revised edition,

2003.

J. Ryan-Collins, T. Greenham, R. Werner, A. Jackson, *Where Does Money Come From, A Guide to the UK Monetary and Banking System*, New Foundation, London, 2012.

R.S. Sayers, *The Bank of England 1891-1944*, Cambridge University Press, 1976.

R.E. Search, *Lincoln Money Martyred*, Omni Publications, Palmdale, California, 1989.

W.G. Simpson, *Which Way Western Man?*, Yeoman Press, Cooperstown, New York, 1978.

F. Soddy, *Wealth, Virtual Wealth and Debt*, G. Allen & Unwin, London, 1933.

*O. Spengler, *Le déclin de l'Occident*, Gallimard, Paris, 1948.

H. Strakosch, *The South African Currency and Exchange Problem*, Johannesburg, Central News Agency Limited, 1920.

J.G. Stuart, *The Money Bomb*, William Maclellan (Embryo) Limited, Glasgow, 1984.

*A.C. Sutton, *Wall Street et la Révolution Bolchévique*, Le Retour aux Sources, 2010.

I.Tarbell, *A Short Life of Napoleon*, S. S. McClure Limited, New York, 1895.

A.J.P. Taylor, *The Origins of the Second World War*, Hamish Hamilton, London, 1961.

H.A. Thomas, *Stored Labor: A New Theory of Money*, 1991.

G.M. Trevelyan, *English Social History, A Survey of Six Centuries Chaucer to Queen Victoria*, Longmans Green and Co., London, 1948.

Verheimlichte Dokumente – Was den Deutschen verschwiegen wird, Fz-Verlag, Munich, 1993.

L. Villari, *Italian Foreign Policy under Mussolini*, Holborn Publishing Ltd, London, 1959.

M. Walsh, *Witness to History*, Historical Review Press, Uckfield, Sussex, 1996.

T.E. Watson, *Sketches from Roman History*, The Barnes Review, Washington, DC, 2011.

N.H. Webster, *The French Revolution*, The Noontide Press, Costa Mesa, California, 1982.

J. Weitz, *Hitler's Banker Hjalmar Horace Greely Schacht*, Little, Brown and Company, London, 1999.

R.G. Werner, *Princes of the Yen*, M.E. Sharpe, New York, 2003.

R. McNair Wilson, *Monarchy or Money Power*, Eyre & Spottiswoode, London, 1934.

*F.P. Yockey, *Imperium*, Avatar Éditions, 2008.

TABLE DES MATIÈRES

Avant-propos 9
Introduction 13
Chapitre I 17
Comment l'usure a détruit l'Empire Romain 17
    L'Âge de Cuivre (-753 -267 av. J.-C.) 18
    L'Âge de l'Argent (-267 -27 av. J.-C.) 21
    Le rôle des Juifs dans l'effondrement 23
    Jules César 25
    L'Âge de l'Or (-27 av. J.-C. à 476 apr. J.-C.) 29
    Le rôle de l'Église dans le déclin et la chute 32
    Les conséquences 33
Chapitre II 35
Les origines secrètes de la Banque d'Angleterre 35
    L'ancienne Angleterre 35
    Première migration et expulsion des Juifs 36
    Le Glorieux Moyen-Âge 40
    Fin d'un Âge d'Or 45
    Cromwell et la Guerre Civile Anglaise 47
    Le régicide du roi Charles Ier 50
    La seconde immigration Juive 52
    La création de la Banque d'Angleterre 57
    La guerre et la servitude de la dette à perpétuité 62
    La nationalisation 67
Chapitre III 69
Les Bourbons, Napoléon et la Banque de France ... 69

Napoléon, le réformateur monétaire 75

La Banque d'État de l'Empire Français 77

Les accomplissements de la banque d'état française ... 85

Chapitre IV 89

**Un siècle de lutte (1815-1918) :
Rothschild vs les Peuples** 89

Les Banques Centrales aux États-Unis 89

L'établissement de la Banque de Réserve Fédérale des États-Unis 109

La Banque d'État de l'Empire Russe 115

Comment les Rothschild ont créé l'Union Soviétique et pris son contrôle 125

La responsabilité des Rothschild dans la Guerre des Boers 135

La Banque du Commonwealth d'Australie 140

La Première Guerre mondiale 144

Chapitre V 153

La Grande Dépression **153**

La Banque des Règlements Internationaux 155

La Réserve Fédérale des États-Unis 159

Clifford Hugh Douglas 175

Irving Norton Fisher 179

Chapitre VI 185

L'ascension et la chute du système bancaire étatique (1932-1945) **185**

La Reichsbank : La Banque d'État de l'Allemagne Nationale-Socialiste 186

« L'intérêt Commun Avant Soi-Même – L'esprit Du Programme L'abolition De La Servitude Des Intérêts –

Le Cœur Du National-Socialisme. 190
  Les Accomplissements du Système Bancaire Étatique Allemand 202
  Les développements de l'après-guerre 207
  L'Italie Fasciste 208
  La Banque d'État d'Italie 209
  La Banque d'État du Japon 211
  Indices Économiques du Japon 1931-1941 214
  Comment le Japon fut entrainé dans la Seconde Guerre mondiale 216
  Les développements de l'après-guerre 218

Chapitre VII 221
 Les Formes modernes de Banque d'État 221
  La Banque du Dakota du Nord 221
  Les États de Guernesey 224
  La Banque Centrale de Lybie 227

Chapitre VIII 233
 **La Crise Bancaire et le déclin final
 de la Civilisation** 233
  Aperçu Historique 233
  La Crise Bancaire de 2007 236
  Causatum 240
  La Grande Dépression du 21ème Siècle 243

Appendice 251
 Critique de Matthew Johnson 255
  Rome 258
  L'Angleterre 260
  L'Ukraine et la Pologne 264

    Les États-Unis 267

    La Russie 270

    Critique de Tom Sunic 286

Bibliographie 295